ताल प्रसून

ताल प्रसून

छोटे लाल मिश्र
प्राध्यापक वाद्य संगीत विभाग
संगीत एवं मंच-कला संकाय, का. हि. वि. वि.
वाराणसी (उ.प्र.)

कनिष्क पब्लिशर्स, डिस्ट्रीब्यूटर्स
नई दिल्ली-110 002

कनिष्क पब्लिशर्स, डिस्ट्रीब्यूटर्स
4697/5-21 ए, अंसारी रोड, दरियागंज
नई दिल्ली-110 002
फोनः 2327 0497, 2328 8285
फैक्सः 011-2328 8285
E-mail : kanishka_publishing@yahoo.co.in
kanishkabooks@gmail.com

ताल प्रसून
प्रथम संस्करणः 2004
संस्करणः 2022

ISBN: 978-81-7391-642-X

भारत में मुद्रित

कनिष्क पब्लिशर्स, डिस्ट्रीब्यूटर्स, 4697/5-21 ए, अंसारी रोड, दरियागंज, नई दिल्ली-110 002 से मदन सचदेवा द्वारा प्रकाशित; क्वालिटी प्रिंटर्स, दिल्ली द्वारा शब्द-संयोजन तथा नाइस प्रिंटिंग प्रेस, दिल्ली द्वारा मुद्रित।

बाबा विश्वनाथ जी की पावन नगरी 'काशी' के राष्ट्रीय गौरव
अन्यतम अविस्मरणीय संगीत विद्वान–"ना धिं धिं ना" के जादूगर
मेरे परम पूज्य गुरुदेव

स्वर्गीय पंडित अनोखेलाल मिश्र जी

के श्री चरणों में यह 'ताल प्रसून' सादर समर्पित

शिष्य

छोटेलाल मिश्र

संदेश

मेरे परम पूज्य पिता जी एवं गुरुजी के आशीर्वाद से हमारे प्रिय गुरुभाई श्री छोटे लाल जी के द्वारा लिखित यह पुस्तक 'ताल प्रसून' तबला विषय के विद्यार्थियों के लिए लाभकारी सिद्ध होगी। इनका यह अथक परिश्रम अत्यन्त सराहनीय है क्योंकि इस पुस्तक में जो सामग्री दी गई है, मुख्यत: वह संगीत एवं मंच कला संकाय, काशी हिन्दू विश्वविद्यालय के पाठ्यक्रम को भी पूरा करती है और संगीत संकाय के तबला विषय के विद्यार्थीगण इससे अधिक-से-अधिक लाभान्वित हो सकेंगे। अत: मेरी हार्दिक शुभकामना है कि हमारे पूज्य गुरुजी का आशीर्वाद सदैव मेरे गुरुभाई को प्राप्त होता रहे जिससे यह कार्य और भी आगे क्रियान्वित करते रहें।

स्वर्गीय पं. अनोखेलाल मिश्र जी
के ज्येष्ठ पुत्र

(रामजी मिश्र)
अनोखे-भवन
डी. 47/144, रामापुरा
वाराणसी

संदेश

परम पूज्य श्री गुरुदेव की अनुकम्पा से मेरे गुरुभाई श्री छोटेलाल मिश्र जी ने यह पुस्तक 'ताल प्रसून' लिखने का प्रथम प्रयास किया है, जो अत्यन्त सराहनीय है। इस पुस्तक के द्वारा संगीत महाविद्यालय काशी हिन्दू विश्वविद्यालय के प्रत्येक तबला विषय के विद्यार्थियों को मार्गदर्शन प्राप्त होगा। इसके लिए मेरी हार्दिक शुभकामना है कि यह कार्य आगे भी करते रहने का प्रयत्न करते रहें जिससे संगीत जगत में इस विषय का और भी उत्थान होता रहे।

स्वर्गीय पं. अनोखेलाल मिश्र जी
के शिष्य एवं भतीजा

(ईश्वर लाल मिश्र)
अनोखे-भवन
डी. 44/167, रामापुरा
वाराणसी

काशी नगरी के संगीत घराने में एक अविस्मरणीय नाम

स्वर्गीय पं. अनोखेलाल जी

संगीत तथा घराना क्या है इसकी संक्षिप्त रूपरेखा निम्न प्रकार से है–

संगीत

संगीत जैसे महान विषय को समझना अत्यन्त कठिन है। इसकी व्याख्या और व्यापकता अनन्त है। "संगीत रत्नाकर" में शारंगदेव ने संगीत की परिभाषा इस प्रकार की है–

"गीत वाद्यं तथा नृत्यं त्रयं संगीत मुच्यते"।

अर्थात्–गीत, वाद्य तथा नृत्य तीनों के मिश्रण को संगीत कहते हैं।

भारतीय संगीत में प्राचीन युग से ही संगीत मनीषियों के अनुसार संगीत के अन्तर्गत ये तीनों विधाएँ मानी जाती रही हैं। परन्तु इन तीनों में से गीत को ही प्रधानता दी गई है।

पं. भातखण्डे ने भी एक स्थान पर लिखा है कि सीमित अर्थ में संगीत शब्द से कंठ संगीत का ही बोध होता है, फिर भी हिन्दू हृदय में कंठ संगीत, वाद्य संगीत और नृत्य इतने घनिष्ठ रूप से एक-दूसरे से सम्बन्धित रहे हैं कि प्राचीन लेखकों ने 'संगीत' शब्द का प्रयोग तीनों सहगामी कलाओं के एकत्रित रूप के लिए किया है। इसीलिए भारतीय संगीत के अन्तर्गत इन तीनों कलाओं का समन्वय माना गया है।

घराना

जब कोई कला विधा विकसित व परिष्कृत होते-होते इतनी सुसंस्कृत और समृद्ध हो जाती है कि कला मर्मज्ञ जनसमाज में उसकी विशेष मान्यता व प्रतिष्ठा हो जाती है, तब उसकी एक परम्परा चल पड़ती है। कला विधाओं की इस परम्परा में जहाँ कलाकारों का इतिहास और उनकी कलात्मक उपलब्धियों का समावेश रहता है वहीं पीढ़ी दर पीढ़ी कला की प्रायोगिक उन्नति के आधार पर भिन्न-भिन्न शैलियों की सृष्टि और उनकी प्रगति भी समाविष्ट रहती है। इस दृष्टि से भारतीय संगीत में गायन, वादन और नृत्य विधाओं की परम्पराएं अलग-अलग समय पर विविध रूपों में प्रस्फुटित होती रहीं हैं और कालान्तर में यही परम्पराएँ संगीत के विभिन्न घरानों के रूप में विकसित हुईं।

बनारस में चाहे जब से तबला वादन होता रहा हो, परन्तु बनारस का नाम, तबले के घराने के रूप में प्रतिष्ठित करने तथा नई शैली के जन्मदाता

महान तबला विद्वान **पं. राम सहाय जी** ही थे। इनके शिष्यों में सर्वप्रथम पाँच शिष्यों का नाम उल्लेखनीय है। जो क्रमशः इस प्रकार हैं–प्रथम **पं. भगत जी,** द्वितीय **रामशरण जी,** तृतीय **पं. प्रताप** जी (परतप्पू जी), चतुर्थ **बैजनाथ उर्फ बैजी जी** तथा पंचम शिष्य श्री **यदुनन्दन जी** थे।

पण्डित रामसहाय जी के प्रमुख शिष्यों में श्री भगत जी (गुरुदत्त जी) तबला-वादन के प्रकाण्ड विद्वान तथा तबले की विद्या के कोषाध्यक्ष के रूप में प्रतिष्ठित हुए। इन्हीं भगत जी के शिष्य पं. भैरो प्रसाद जी हुए तथा पं. भैरो जी के प्रमुख शिष्यों में एक अत्यन्त प्रज्ज्वलित नाम उभरकर सामने आया, जिसने देश के प्रत्येक संगीत विद्वानों एवं संगीत रसिकों के हृदय में अपना विशेष स्थान बना लिया वह नाम स्वर्गीय पं. अनोखेलाल जी का था।

प्रातः स्मरणीय मेरे पूज्य गुरुदेव पं. अनोखेलाल जी का जन्म सन् 1914 ई. में वाराणसी में हुआ था। आप के पूज्य पिता जी एवं पूजनीय माता जी का इनके बाल्यकाल में ही देहान्त हो गया। आप के लालन-पालन का भार आप की दादी जी पर पड़ा और जब आप की आयु 6 वर्ष की हुई तब तबला वादन की शिक्षा **पं. भैरव प्रसाद जी** से लेना प्रारम्भ किया। सच्ची लगन व अथक परिश्रम द्वारा जल्द ही प्रगति करने लगे और अपनी साधना के मध्य आने वाले हर व्याघातों को हँसते हुए सहते रहे तथा अपनी साधना की अवधि को निरन्तर बढ़ाते हुए अठारह घंटे प्रतिदिन करने में समर्थ हुए। इसके लिए शारीरिक कष्ट भी भोगना पड़ा, परन्तु अपनी साधना (अभ्यास) में बाधित नहीं हुए। इस साधना के तथा गुरु कृपा के फलस्वरूप अठारह वर्ष की आयु के लगभग आप देश के प्रसिद्ध संगीत समारोहों में सम्मिलित होने के लिए आमंत्रित किये जाने लगे और उस समय के प्रसिद्ध बड़े-बड़े संगीत साधकों के साथ तबला संगति करके सभी संगीतज्ञों में लोकप्रिय कलाकार के रूप में प्रतिष्ठा प्राप्त की। साथ ही बहुत अल्प समय में ही संगीत जगत में अपना वह स्थान प्राप्त किया, जिसकी ऊँचाई को प्राप्त करना लगभग असम्भव ही है।

आप संगीत जगत में **'ना धिं धिं ना'** के जादूगर कहलाए तथा तबले के **'धेर धेर किटतक'** बोल को इस प्रकार सिद्ध किए कि अविस्मरणीय हो गया।

आप जैसे अद्‌भुत कलाकार थे वैसे अद्‌भुत व्यक्ति भी थे। स्वभाव से अत्यन्त सरल व अति दयालु थे और अपने बड़ों के प्रति विशेष आदर का

भाव रखते थे, तथा शिष्यों के प्रति विशेष वत्सल अपनत्व की भावना रखते थे। आप के स्वभाव व समभाव से श्री तुलसीदास जी का वह भाव पूर्णतः साकार हो जाता है। यथा–

"सियाराम में सब जग जानी, करउँ प्रणाम जोरि जुग पानी"

इसीलिए आपको संगीतज्ञों तथा संगीत प्रेमियों ने संतों एवं देवताओं की श्रेणी में रखा है। आप के प्रति श्रद्धा एवं आदर का भाव, प्रत्येक संगीत के साधक तथा संगीत प्रेमी के हृदय में पहले भी था, आज भी है और आगे भी रहेगा।

संक्षेप में मैं इतना ही कहूँगा कि आप के जैसा व्यक्ति एवं साधक आगे हज़ारों वर्षों तक प्रतीक्षित रहेगा। अवश्य अपने भाग्य पर गर्व है कि मुझे उसका 'प्रिय शिष्य' होने का गौरव प्राप्त है।

आप दिनांक 10 मार्च 1958 को इस असार संसार का त्याग कर स्वर्ग-वासी हो गये। आप अपने पीछे अपनी धर्मपत्नी (हमारी गुरुमाता), दो पुत्र एवं दो पुत्रियां छोड़ गये। आप के ज्येष्ठ पुत्र पं. रामजी मिश्र ने अपने अल्प वय में ही पूज्य पिता के मार्ग पर चल कर अपने अद्वितीय तबला वादन से अत्यधिक ख्याति अर्जित की तथा अपनी एक अलग पहचान बनाई जिससे संगीत के क्षेत्र में सभी के आदर एवं स्नेह के पात्र बने तथा द्वितीय पुत्र श्री काशीनाथ मिश्र तबला वादन का कार्य सुचारु रूप से कर रहे हैं।

पूज्य गुरुदेव के प्रमुख शिष्य (जिन्होंने गुरु एवं अपने देश का नाम भारतवर्ष के अतिरिक्त अन्य अनेक देशों में उज्ज्वल किया है) उनमें श्री महापुरुष मिश्र थे तथा श्री ईश्वरलाल मिश्र हैं। इनके अतिरिक्त अनेक शिष्य हैं जो प्रगति के मार्ग पर अग्रसर हैं।

विशेष शिष्य परम्परा का विवरण अगले भाग में देय होगा।

लेखक

आमुख

वर्तमान युग में अवनद्ध वाद्य के अन्तर्गत आने वाला सर्वोपरि तालवाद्य 'तबला' अत्यधिक लोकप्रिय वाद्य के रूप में आज प्रतिष्ठित हो चुका है। परन्तु तबले के साहित्य में आज भी कुछ मतभेद तथा कुछ भ्रांतियां हैं जिन्हें दूर करना अति आवश्यक है। इसलिए प्रारम्भ में ही विद्यार्थियों को सही दिशा की विशेष आवश्यकता है तथा आज के वातावरण में जो प्रतिभावान विद्यार्थी कुछ भटक गये हैं उन्हें भी सही मार्गदर्शन की आवश्यकता है। अतः आज तबला विषय के विद्वान एवं शिक्षक का कर्तव्य होता है कि मतभेदों एवं भ्रान्तियों को दूर करने में सहायक बनें। जिससे विद्यार्थियों को सही दिशा व मार्गदर्शन प्राप्त हो सके और उन्हें सुधरने का भी अवसर प्राप्त हो सके।

तबला विषय पर अनेक पुस्तकें उपलब्ध हैं जिनके लेखकों ने अपने-अपने क्षेत्र को देखते हुए लिखा है। इन पुस्तकों के द्वारा विद्यार्थियों को लाभ अवश्य हुआ है किन्तु विशेष शेष भी रह गया है, जैसे–'पारिभाषिक शब्दों' में मतभेद तथा क्रियात्मक पक्ष के कुछ विशेष स्पष्टीकरण जो प्रारम्भिक विद्यार्थियों के लिए आवश्यक है। इसलिए जैसे--क, ख, ग, घ आदि वर्ण, तथा प्रत्येक वर्ण से निर्मित 'शब्द' जैसे–क से कलम, ख से खरगोश, ग से गमला घ से घड़ी इत्यादि क्रम से इनका ज्ञान कराया जाता है उसी प्रकार तबला विषय में भी किसी एक घराने (शैली) का समुचित ज्ञान कराना भी आवश्यक है अन्यथा विद्यार्थी दिशाहीन की भाँति भटकते रहेंगे।

यद्यपि गायन एवं स्वर वाद्य के विषय में अनेक पुस्तकें उपलब्ध हैं, जो तबले की पुस्तक की अपेक्षा अधिक समृद्ध हैं अर्थात् गायन एवं स्वर वाद्य पर उपलब्ध पुस्तकों में क्रियात्मक पक्ष तथा शास्त्र पक्ष दोनों को ही क्रमबद्ध एवं विस्तारपूर्वक लिखा गया है, जो विशेष सराहनीय है। कुछ पुस्तकों के उदाहरण निम्नलिखित हैं जैसे–

पं. विष्णु नारायण भातखण्डे जी द्वारा लिखित 'क्रमिक पुस्तक मलिका'

पं. त्रिनायक राव पटवर्धन जी द्वारा लिखित 'राग विज्ञान'

पं. ओमकार नाथ ठाकुर जी द्वारा लिखित 'संगीताञ्जली'

पं. लालमणी मिश्र जी द्वारा लिखित 'तंत्री नाद'

पं. बलवन्त राय भट्ट जी द्वारा लिखित 'भाव रंग लहरी'

इत्यादि अनेक पुस्तकें लोकप्रिय हैं और जिसके अध्ययन से विद्यार्थियों तथा शिक्षकों को भी मार्गदर्शन प्राप्त होता है। परन्तु तबला विषय में इस प्रकार की पुस्तक का कुछ अभाव है। क्योंकि इस अभाव का कारण विद्या संप्रदान में विद्वत जन द्वारा अपनायी जाने वाली गोपनीयता भी संभवत: है अत: मैं उन लेखकों की सराहना करता हूँ जिन्होंने तबले में प्रयुक्त होने वाले अनेक प्रकार की सामग्रियों का परिचय कराया है चाहे वह भले ही परीक्षार्थियों के लिए ही क्यों न हो और तबला विषय पर पुस्तक लिखकर इसको सही सम्मान प्रान्त कराया है। इसलिए एक तबला वादक होने व योग्य गुरु के शिष्य होने के नाते जो भी बातें किन्हीं कारणों से छूटी हुई हैं उन्हें पूरा करना मेरा कर्तव्य हो जाता है। अत: प्रस्तुत पुस्तक **'ताल प्रसून'** अधूरी बातों को पूरा करने की दृष्टि से लिखी गई है। इसमें मुख्यत: कुछ तबले के पारिभाषिक शब्दों की उचित व्याख्या तथा मेरे पूज्य गुरुदेव की शिक्षा पद्धति अर्थात् गुरु-शिष्य परम्परा के अनुसार क्रमबद्ध क्रियात्मक पक्ष की सामग्री उपलब्ध कराने की चेष्टा की गई है जिससे विद्यार्थियों को अधिक-से-अधिक मार्गदर्शन प्राप्त हो सकता है। बनारस की शैली के अन्तर्गत आने वाली प्रारम्भिक रचनाएँ तथा विभिन्न तालों की विभिन्न रचनाएँ स्वतन्त्र लिखी गई हैं जो काशी हिन्दू विश्वविद्यालय के पाठ्यक्रम की अपेक्षाएं भी पूर्ण करती हैं इनके अतिरिक्त कुछ सामग्री ऐसी भी है जो अनुसंधान के लिए भी उपयोगी है जैसे–अन्य घरानों में एक ही संयुक्त बोल को अलग-अलग अंगुलियों के प्रयोग द्वारा निकालने की विधि एवं मुखड़े को विस्तार करने पर क्या-क्या उपलब्धियां हो सकती हैं उनके कुछ नियम उदाहरण स्वरूप दिये गये हैं और भी देखते हुए शेष महत्वपूर्ण विचार-तथ्य अगले भाग में देने की चेष्टा की जायेगी।

एक संदेश विद्यार्थियों के हितार्थ देना आवश्यक समझता हूँ। वह यह कि केवल पुस्तक के माध्यम से कोई भी विद्यार्थी सफल कलाकार नहीं बन सकता और संगीत गुरुमुखी त्रिद्या है अत: गुरु का मार्गदर्शन नितांत आवश्यक

है। इसलिए संगीत एवं संगीत के आचार्यों के प्रति आदर तथा सच्ची भक्ति की भावना व गुरु के द्वारा दिये गये निर्देशों का पालन करने की पूर्ण चेष्टा करने पर ही कोई भी विद्यार्थी संगीत की ऊँचाई तक पहुँच सकता है अन्यथा उसका संगीत प्रभावहीन रहेगा और संगीत के क्षेत्र में उसका कोई अस्तित्व नहीं होगा। इसलिए प्रत्येक संगीत का विद्यार्थी संगीत के प्रति समर्पित होकर अपने उज्ज्वल भविष्य का निर्माण कर सकता है तथा सामाजिक प्रतिष्ठा प्राप्त कर सकता है और संगीत के इतिहास में अपना नाम जोड़कर अमर हो सकता है।

वाराणसी

छोटेलाल मिश्र

अनुक्रमणिका

भाग-1
शास्त्र अध्याय

भाग-2
क्रियात्मक अध्याय

शास्त्र-अध्याय

ताल-लिपि

उत्तर हिन्दुस्तानी संगीत पद्धति में दो ताल-लिपियां प्रचलित हैं जिन्हें भातखण्डे-पद्धति और विष्णु दिगम्बर-पद्धति कहते हैं।

भातखण्डे पद्धति के ताल चिन्ह निम्न प्रकार हैं—

इस पद्धति में एक मात्रे का चिन्ह नहीं होता है।

सम के चिन्ह— x

खाली के चिन्ह— ०

किसी मात्रे को बढानें के लिए अवग्रह लगाने के चिन्ह— ऽ

दो बोल एक मात्रे के अन्दर बोलने के चिन्ह— १२ इसे दुगुन कहेंगे

तीने बोल एक मात्रे के अन्दर बोलने के चिन्ह— १२३ इसे तीगुन कहेंगे

चार बोल एक मात्रे के अन्दर बोलने के चिन्ह— १२३४ इसे चौगुन कहेंगे

छः बोल एक मांत्रे के अन्दर बोलने के चिन्ह— १२३४५६ इसे छैगुन कहेंगे

आठ बोल एक मात्रे के अन्दर बोलने के चिन्ह—१२३४५६७८ इसे अठगुन कहेंगे

एक बोल एक मात्रे के अन्दर बोलने के चिन्ह—नहीं हैं अर्थात् 'धा' एकगुन होगा।

बोलों के द्वारा इस तरह होगा जैसे—

धागे १/२ मात्रांश के बोल—अर्थात् दुगुन

धागेन १/३ मात्रांश के बोल—अर्थात् तिगुन

धागेतेटे १/४ मात्रांश के बोल—अर्थात् चौगुन

तिरकिट तक १/६ मात्रांश के बोल—अर्थात छैगुन

धाऽतिरकिट तक १/८ मात्रांश के बोल—अर्थात् अठगुन

धा ऽ २/१ मात्रांश के बोल—अर्थात् 'धा' को एक मात्रे और रूकना होगा।

क्योंकि दो मात्रे में एक मात्रे का 'धा' है। इसे आधागुन कहेंगे।

इस पद्धति में ताल-दीपचंदी तथा ताल-झूमरा निम्नलिखित तरीके से होगा–

ताल-चिन्ह	X	२	०	३
ठेका-				
ताल-दीपचंदी	धा धिं ऽ	धा धा तिं ऽ	ता तिं ऽ	धा धा धिं ऽ
मात्राएं	१ २ ३	४ ५ ६ ७	८ ९ १०	११ १२ १३ १४

ताल चिन्ह

	X	२	०	३
ठेका–	धिं ऽधा तिरकिट	धिं धिं धागे तिरकिट	तिं ऽता तिरकिट	धिं धिं धागे तिरकिट
मात्राएं	१ २ ३	४ ५ ६ ७	८ ९ १०	११ १२ १३ १४

उपर्युक्त दोनों तालें १४-१४ मात्राओं के हैं। दोनों के ४-४ विभाग हैं तथा ३ ताली व एक खाली प्रत्येक के हैं।

भातखण्डे पद्धति में पहला विभाग जो सम का होता है उसमें X यह चिन्ह लगता है और आने वाले विभाग के नंम्बर दिये जाएँगे तथा खाली के विभाग में ० यह चिन्ह लगेगा। परन्तु खाली वाले विभाग को विभाग नम्बर नहीं दिये जाते। खाली के बाद वाले विभाग को नम्बर के क्रम में रक्खा जाता है। जैसा कि ऊपर लिखे गए ताल के चिन्ह लगे हैं।

विष्णु दिगम्बर पद्धति–

इस पद्धति में सम के स्थान पर एक का अंक तथ। खाली के स्थान पर + यह चिन्ह लगाते हैं और जिस बोल के नीचे जो मात्राएं आती हैं वहीं गिनती लिखी जाती है तथा विभिन्न मात्राओं व मात्रांश के चिन्ह निम्न प्रकार हैं–

मात्रा	चिन्ह	बोल
एक १	—	धा
दो २	ᔕ या ऽ	धा या धाऽ
आधी १/२	०	धा गे

चौथाई १/४	‿	ति र कि ट
१/८	‿‿	धे र धे र कि ट त क
१/३	⁀	धा ते टे
१/६	≈	त क त क दि न

इस पद्धति में ताल दीपचंदी तथा ताल-झूमरा निम्न प्रकार लिखेंगे—

दीपचंदी—-धा धिं ऽ धा धा तिं ऽ ता तिं ऽ धा धा धिं ऽ।

१ ४ + ११

झूमरा—धिं ऽ धा ति र कि ट धिं धिं धा गे ति र कि ट

१ ४

तिं ऽ ता ति र कि ट धिं धिं धा गे ति र कि ट।

\+ ११

अर्थात्—सम पर '१' लिखा जाता है। जहां ताली होती है, उस मात्रे का नम्बर लिखा जाता है और जहां खाली होती है वहां + यह चिन्ह लगाया जाता है।

तबला बायाँ का चित्र

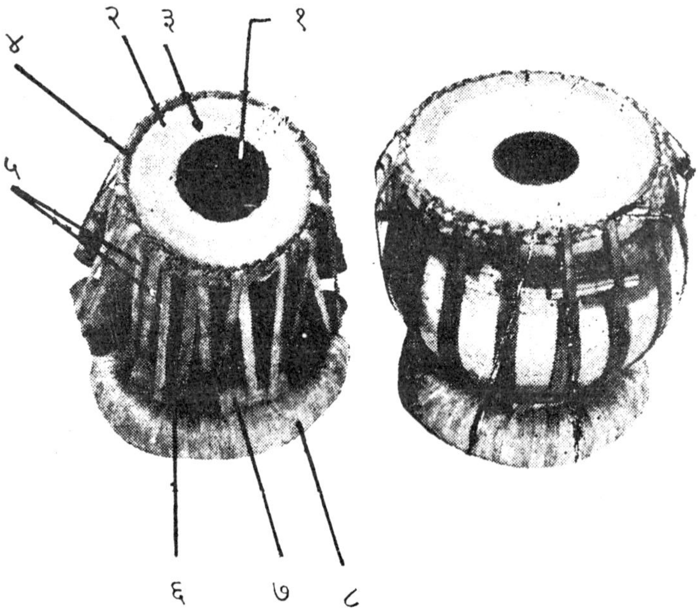

१. स्याही

२. चाँटी

३. लव या मैदान

४. गजरा

५. बद्धी

६. लकड़ी

७. गट्टा

८. गिडरी।

तबला और उसके अंग

तबले के अंग- इसके मुख्य, दो अंग होते हैं। पहला दाँया और दूसरा बायाँ। जो दायें अर्थात् दाहिने हाथ से बजाया जाता है उसे तबला कहते हैं। तथा जो बायें हाथ से बजाया जाता है उसे बायाँ (बावाँ), डग्गा या डुग्गी भी कहते हैं। और तबला को कहीं नरघा तथा सौराष्ट्र में दुक्कड़ कहते हैं। परन्तु वर्तमान समय में तबले का अधिक प्रचार-प्रसार होने के फलस्वरूप दाहिने को तबला तथा बायें को बायाँ या डग्गा के नाम से सभी परिचित हो चुके हैं।

तबला—यह लकड़ी के द्वारा निर्मित होता है। इसके निर्माण में जिन लकड़ियों का उपयोग किया जाता है, उनके नाम इस प्रकार हैं। जैसे- विजयसार (बीजा साग), खैर (कत्था), शीशम, चन्दन, नीम, आम, बबूल तथा कटहल इत्यादि। परन्तु विजयसार, खैर तथा शीशम की सूखी लकड़ी से निर्मित तबले का अधिक उपयोग होता है। तबले की लकड़ी अन्दर से तीन हिस्सा खोखली होती है। और एक हिस्सा ठोस होता है। जिस लकड़ी का ठोस हिस्सा अधिक भारी होता है, उसमें अधिक आवाज की गूँज होती है। यह ठोस हिस्सा नीचे की तरफ होता है जो तबले को हिलने न देने में सहायक होता है।

बायां तथा डग्गा—यह प्रायः मिट्टी का बना होता है। इसे कूड़ी कहते हैं। परन्तु मिट्टी की कूड़ी थोड़े से टकरा जाने पर फूट जाने का भय रहता है। इसलिए मजबूति को ध्यान में रखते हुए 'कूड़ी' पीतल तथा ताँबे के पत्तरों द्वारा निर्मित किया जाता है। यद्यपि पंजाब में अभी भी लकड़ी द्वारा निर्मित 'कूड़ी' (जो तबले के बराबर का होता है) उपयोग में लाया जाता है। वैसे, मिट्टी के बायें की ध्वनि सबसे अच्छी मानी जाती है।

पूड़ी—तबले तथा बायें पर मढ़े गये चमड़े या खाल को पूड़ी कहते हैं। यह बकरे के चमड़े द्वारा निर्मित होता है। इसके अन्तर्गत, चाँटी, लव तथा स्याही होती है, 'पूड़ी' कहलाती है। तबले की पूड़ी बायें की अपेक्षा पतली होती है। इस पूड़ी को ऊँचे स्वर में मिलाया जाता है। और बायें की

पूड़ी थोड़ी मोटी होती है और इसे मन्द्र स्वर में रक्खा जाता है। क्यों कि तबले की जोड़ी में बायें की ध्वनि को मर्दानी आवाज, तथा दायें तबले के ध्वनि को जनानी आवाज की संज्ञा दी जाती है। अर्थात् बायें द्वारा गम्भीर स्वर को मर्दाना तथा दायें द्वारा पतले स्वर को जनाना मानते हैं।

चाँटी—पूड़ी के किनारे-किनारे, मुख्य पूड़ी के अतिरिक्त चमड़े की एक पट्टी सी होती है जिसे 'चाँटी' कहतें हैं। दायें तबले की चाँटी में बजने वाले तबले के वर्ण होते हैं परन्तु बायें डग्गे की चाँटी मे कोई वर्ण नहीं होते।

लव—चाँटी के बाद और स्याही के पहले खाली स्थान (जो मूल-पूड़ी होती है) उसे 'लव' कहते हैं। दायें तबले के 'लव' में 'ता' व 'ति' वर्ण तथा बायें डग्गे में 'गे' वर्ण बजाए जाते हैं। इसे मैदान भी कहते हैं।

स्याही—पूड़ी में काले रंग का चन्द्राकार सा बना होता है उसे ही स्याही कहते हैं। यह लौह चूर्ण (राख) को नीला थोथा मिली हुई लेई में मिलाकर तैयार किया जाता है जिसे पूड़ी पर लगाया जाता है। दायें तबले की स्याही पूड़ी के ठीक बीचो-बीच में लगी होती है परन्तु बायें डग्गे की स्याही बीच में न हो कर, एक तरफ, चाँटी से आधे ईंच पहले लगी होती है।

गजरा—चमड़े की पट्टी द्वारा निर्मित, पूड़ी को किनारे-किनारे गूंथे गये हार को (जो पूड़ी को चारो तरफ से बाँधे रखती है) गजरा कहते हैं। इस गजरे में १६ छिद्र होते हैं, जिन्हें 'घर' भी कहते हैं। गजरे को सिंगार व द्वाल भी कहते हैं।

गुड़री—यह तबले तथा बायें के नीचे तले में चमड़े से बना छोटा गजरा, या पहिया होता है जिसे गुड़री कहते हैं।

गट्टा—लकड़ी के टुकड़े से निर्मित, गुल्ली की भाँति, दो ईंच लम्बी व गोल होती है जिसे गट्टा या गुल्ली कहते हैं। इसे ऊपर नीचे खिसकाने से स्वर नीचे-ऊपर हो जाता है। इस तरह का गट्टा केवल दाहिने तबले में लगा होता है। बायें में नहीं।

बध्दी—चमड़े की डोरी (पट्टी) जो पूड़ी के गजरे के 'घर' (छिद्र) में से होता हुआ, और गट्टे को दबाए हुए, लकड़ी के नीचे वाले पहिये (गजरे) द्वारा पूड़ी को कसे रखता है, उसे बध्दी कहते हैं।

बायें डग्गे में बध्दी तथा सूत की डोरी, दोनों का प्रयोग होता है। जिस बायें में डोरी लगी होती है उसे कसने के लिए पीतल के छल्ले लगाये जाते हैं।

ईंडरी—यह कपड़े, नारियल की डोरी, मूँज आदि से बना एक गोल पहिये जैसी बनी होती है जिस पर रख कर तबला वादन किया जाता है। इससे तबला-बायाँ, हिलता-डुलता नहीं। और तबले की गूँज बढ़ती है। इसे ही ईंडरी कहते हैं।

तबले के वर्ण

तबले के विभिन्न भागों पर भिन्न-भिन्न उँगलियों द्वारा आघात करने पर विभिन्न ध्वनि द्वारा तबले के शब्दों (वर्णों) की उत्पत्ति होती है, जिनके तीन भेद हैं–

१. दायें हाथ से उत्पन्न होने वाले वर्ण

२. बायें हाथ से उत्पन्न होने वाले वर्ण

३. दोनों हाथों से उत्पन्न होने वाले वर्ण

इन वर्णों के विषय में विभिन्न मतभेद पाये जाते हैं। विभिन्न मतानुसार कहीं ७ वर्ण व ८ वर्ण तथा १० वर्ण माने गए हैं। वर्तमान प्रचलन में १० वर्ण हैं जो निम्न प्रकार हैं–

अ. केवल दाहिने हाथ से बजने वाले वर्ण—

१. ता या ना

२. तिं या ती

३. दिं या थुं

४. तू

५. ते

६. टे, ट या र

ब. केवल बायें हाथ से बजने वाले वर्ण—

१. गे, गि, या घे, घी, घ

२. के, कि, क या कत्

स. दोनों हाथों से बजने वाले वर्ण—

१. धा

२. धिं

बनारस घराने के विद्वानों के मतानुसार तबले के वर्ण, कुछ अधिक होते हैं जो निम्नलिखित हैं–

विभिन्न वर्णों के वादन हेतु विभिन्न उँगलियों आदि का प्रयोग निम्न सारणी से स्पष्ट किया जा रहा है। यथा–

(इसके लिए पहले उँगलियों को पहचानने के दृष्टि से इनके क्रमानुसार नाम इस प्रकार है– अंगूठे के बाद वाली अंगुली की "तर्जनी" उसके बाद "मध्यमा" फिर "अनामिका" और अन्तिम अंगुली को "कनिष्ठा" या (कानी) अंगुली कहते हैं) जैसा चित्र २ में दर्शाया गया है।

चित्र–२

दाहिने हाथ के–

वर्ण	स्थान	अंगुली
१. ता, ना, ती	लव	अनामिका-को मोड़कर (अर्धचन्द्राकार) स्याही के किनारे पर आघात करना।
२. ता, ना, ड़ा	चाँटी	तर्जनी द्वारा
३. तिं	स्याही	तर्जनी द्वारा
४. दिं या तू या थुं	स्याही	चारो-को मिलाकर (खुला स्वर)
५. ते, त, ट	स्याही	अनामिका व मध्यमा मिलाकर आघात करना
६. ट, ड़, त्, तेत्, न	स्याही	चारो- को मिलाकर तथा (अनामिका, मध्यमा मिलाकर)
७. टे, र , रे	स्याही	तर्जनी द्वारा
८. ताँ	स्याही	कनिष्ठा द्वारा
९. त्र, त्रृ	चाँटी	अनामिका, मध्यमा, तर्जनी

बांये हाथ के—

वर्ण	स्थान	अंगुली
१. क, कत्, कि, के	स्याही	चारो को मिलाकर हथेली खोलते हुए थपकी की तरह आघात करना।
२. ग,गि,गे,घ,घि,घे	स्याही के उसपार	अनामिका, मध्यमा तथा तर्जना से कलाई को स्याही के पूर्व भाग (इसपार) में रखकर स्याही के उस पार अंगुलियो द्वारा आघात करके तुरन्त ऊपर उठा लेना।

दोनों हाथ के संयोग से एक साथ आघात करके बजाने वाले—

वर्ण	स्थान	अंगुली
१. धा	लव एवं चाँटी	तर्जनी
२. धिं	लव	तर्जनी
३. धेत्	स्याही	तर्जनी व मध्यमा+अनामिका तथा चारो मिलाकर
४. धिन्न	स्याही	तर्जनी तथा चारो मिलाकर

इत्यादि

तबले के वर्णों को निकालने (बजाने) की विधि

नोट—सुविधा के लिये उपयोग करने वाली उँगलियों को क्रमशः नम्बर द्वारा जान लेना आवश्यक है।

नं० १. तर्जनी नं० २. मध्यमांगुली नं० ३. अनामिका, नं० ४. कनिष्ठा।

केवल दाहिने हाथ से बजने वाले वर्णों को तबले पर बजाने की रीति—

१. ता या ना

सबसे पहले नं० ३ अंगुली को स्याही के किनारे (पूर्वभाग पर) अर्धचन्द्राकार बना कर स्थिर करते हुए नं० १ अंगुली से तबले के लव पर आघात करें। लेकिन इसका ध्यान रखना आवश्यक है कि आघात करने पर

नं० १ अंगुली तुरन्त ऊपर ऊठ जाये, लव से चिपकी नहीं रहनी चाहिए। "ता" को निकालने का दूसरा प्रकार नं० १ से चांटी पर आघात करने से होगा। इसी प्रकार "ना" भी निकलेगा। इस क्रिया को करते समय नं० २ अंगुली उठी रहनी चाहिए।

बनारस घराने में "ता" और "ना" लव पर भी होता है तथा चांटी पर भी। पर अन्य घरानों में "ता" और "ना" केवल चांटी पर होता है।

२. तिं या ती

नं० १ अंगुली से लव पर आघात करने वाली विधि अर्थात् "ता" बजाने के अनुसार।

३. दिं या थुं

चारो अंगुलियों को जोड़कर स्याही पर किनारे हल्का आघात (बिना दबाए) करके ऊपर उठा देना। अंगुलियों के नीचे हथेली का भाग चांटी पर रहना चाहिए।

४. तू

केवल नं० १ से स्याही के किनारे पर दाहिनी ओर हल्का आघात करना। (बिना दबाए) और इस क्रिया को करने में नं० ३ को तबले से थोड़ा ऊपर कर लेना होगा।

५. ते

यह दो प्रकार से है–

अ. नं० २ से स्याही के बीच में आघात करना। इस क्रिया मे अंगुली से स्याही पर दबाव रक्खा जाता है।

ब. नं० २ व ३ को जोड़कर स्याही के ठीक बीचो बीच में दबाते हुए आघात करना।

६. टे, ट या र

ते, के तुरन्त बाद इसका प्रयोग होता है। जैसे-तेटे (तिट) तेर (तिर) बजाने में। इसलिये नं०१ से ठीक उसी स्थान पर आघात करना।

केवल बायें हाथ से बजने वाले वर्ण–

१. ग, गे, गि या घ, घे, घि

बांयें (डग्गे) के स्याही के पूर्व भाग के पास कलाई (गट्टे) को थोड़ा दबाते हुए स्याही के उस पार लव पर बाएं हाथ की नं०१ या नं० २ या नं० ३ अंगुली से आघात करना।

२. क, के, कि, कत्

बाएँ हथेली का गट्टा स्याही के पूर्व भाग के पास रखते हुए (बिना दबाए) सब अंगुलियों या हथेली से थपकी देने की भाँति आघात करना।

३. धा

दाहिने हाथ के "ता" व बायें के "गे" को एक साथ बजाने से "धा" बजेगा। वैसे "ध" शब्द की उत्पत्ति बाएं से "ग" और दाहिने के किसी भी वर्ण के संयोग से होता है।

अर्थात् बाएँ के, ग, गि, गे, या घ, घि, घे को दाहिने (तबले) के किसी वर्ण के साथ जोड़ने याने एक साथ बजाने से "ध" शब्द की उत्पत्ति होती है।

४. धिं

दाहिने के "तिं" तथा बायें के "गे" को एक साथ बजाना।

संयुक्त बोलों को निकालने (बजाने) की विधि

१. तेटे या तिर

दाहिने तबले की स्याही के बीच में मध्यमांगुली व अनामिका को जोड़कर आघात करना, फिर इन दोनों अंगुलियों को थोड़ा सा दाहिनी तरफ खिसकाते हुए तर्जनी से ठीक उसी स्थान पर आघात करने से तिर या तेटे बोल बजेगा।

२. तिरकिट

दाहिने तबले पर पहले "तिर" उपर्युक्त विधि से बजाकर बायें डग्गे पर "क" वर्ण थपकी देकर बजाना, फिर मध्यमा व अनामिका से दहिने तबले की स्याही पर "ते" वर्ण की तरह आघात करने से "तिरकिट" बोल बजेगा।

अर्थात्–तिर+क+ते=तिरकिट।

३. किटतक

यह बोल दो प्रकार से बजेगा। पहले प्रकार में 'किटतक' बोल का 'त' लव में 'ता' वर्ण की तरह होगा और दूसरे प्रकार में 'त' वर्ण स्याही पर 'टे' वर्ण की तरह बजेगा।

अर्थात्–पहला प्रकार–क+ते+ता+क=किटतक।

दूसरा प्रकार–क+ते+टे+क=किटतक।।

४. घेड़नग

यह बोल तीन प्रकार से बजेगा।

पहला प्रकार–बायें डग्गे में 'ग' वर्ण पहले बजाना फिर दाहिने तबले के स्याही पर 'ते' वर्ण बजाकर फिर लव पर 'ता' वर्ण बजाकर फिर बायें डग्गे पर पुनः 'गे' वर्ण बजाने पर धेड़नग बजेगा।

अर्थात्–गे+ते+ता+गे = घेड़नग

दूसरे प्रकार में—गे+ते+टे+गे = घेड़नग

तीसरे प्रकार में—गे+ते+ना+गे = घेड़नग

ना–दाहिने तबले की चाँटी पर तर्जनी से आघात करना।

ते–(दाहिने तबले के स्याही पर मध्यमांगुली से आघात करके)

५. दिनतक

दाहिने तबले पर स्याही के पूर्व भाग में तर्जनी से 'तिं' अर्थात् 'तू' वर्ण बायें डग्गे के 'गे' वर्ण दोनों को एक साथ बजाना फिर तबले में स्याही पर 'ते' वर्ण बजाकर तबले के ही लव मैं 'ता' वर्ण बजाएं और अंत में बांयें डग्गे पर 'क' वर्ण बजा लेने पर 'दिनतक' बोल हो जाएगा।

अर्थात्–तिं+गे = धिं या दिं इसलिये

दिं+ते+ता+गे = दिनतक।

६. क्रधान या क्ड़धान

बांये डग्गे के 'क' वर्ण और दाहिने तबले की स्याही पर 'ते' वर्ण को इस तरह आघात करें कि दोनों एक साथ न होकर पहले 'क' वर्ण हो फिर 'ते' वर्ण तुरन्त लगे–अर्थात् 'क्ते' की तरह हो। फिर 'धा' वर्ण (लव में) बजाकर तबले में 'ते' वर्ण थोड़े हल्के आघात करके बजा लेने पर 'क्रधान' या 'क्ड़धान' बोल बजेगा।

अर्थात्–क्ते+धा+ते = क्रधान या क्ड़धान।

७. धाड़गिन

दाहिने तबले की चाँटी पर केवल तर्जनी के अग्र भाग से बांये डग्गे के 'गे' वर्ण को मिलाकर एक साथ आघात करना फिर तबले की चाँटी पर ही उपर्युक्त 'धा' बजाये गये स्थान पर मध्यमा व अनामिका अंगुली को मिलाकर उसके अग्र भाग से 'ते' वर्ण की तरह आघात करना, इसके बाद डग्गे में 'गे' वर्ण को बजाएं फिर अंत में दाहिने तबले पर चाँटी में ही पुनः उपर्युक्त 'ते' वर्ण की भांति आघात करने पर 'धाड़गिन' बोल बजेगा।

अर्थात्–धा+ते+गे+ते = धाड़ागिन। (केवल चाँटी पर)

८. कतान तथा क्ड़ान

बांये डग्गे में 'क' वर्ण बजना फिर दाहिने तबले के लव स्थान पर

'ता' वर्ण बजाकर अंत में तबले की स्याही में 'ते' वर्ण बजाने पर 'कतान' बजेगा और 'क' तथा 'ता' वर्ण बिल्कुल कम अंतर रखते हुए 'क्ता' की तरह आघात करें फिर अंत में 'ते' वर्ण को बजाने पर 'क्ड़ान' बजेगा।

अर्थात्—क+ता+ते = कतान

क्ता+ते = क्ड़ान।

९. धेर

दाहिने तबले की पूरी पूड़ी पर सभी अंगुलियों को मिलाकर इस तरह रक्खें कि हथेली के गद्दी के नीचे तबले की पूरी स्याही आ जाय फिर बांयें डग्गे के 'गे' वर्ण को दाहिने हथेली के दाहिने (आधे) भाग से एक साथ आघात करें फिर तबले पर रक्खी हुई हथेली के बांई (आधे) भाग से आघात करने से 'र' वर्ण बजेगा। अतः हथेली के दाहिने भाग से 'धे' वर्ण तथा हथेली की बांई तरफ के भाग से 'र' वर्ण बजाने पर 'धेर' बोल बजेगा।

जिस प्रकार तबले के स्याही पर 'तेटे' वर्ण बजाया जाता है उसी प्रकार पूरी पूड़ी पर पूरे हाथों से (पंजे) द्वारा 'बांयें' डग्गे के 'ग' वर्ण को मिलाकर 'धेर' बोल बजाया जायेगा। कुछ लोग धेर बोल को हथेली की गद्दी को थोड़ा उठाते हुए केवल सभी अंगुलियों के द्वारा बजाते हैं। इस तरह बजाने पर 'धेर' बोल तो बज जाएगा, परन्तु 'धेर' बोल में जो गम्भीरता होती है वह कम होगी।

१०. तां

इसे थाप का 'ता' भी कहते हैं। यह केवल दाहिने तबले पर बजाया जाता है। दाहिने तबले की स्याही के पूर्व भाग पर दाहिने हाथ की चारों अँगुलियों को मिलाकर कनिष्ठिका (कानी अंगुली) से जोरदार प्रहार करने से 'तां' वर्ण बजेगा। परन्तु ध्यान रहे, कि प्रहार करते ही हाथ तुरन्त ऊपर की ओर उठ जाना अति आवश्यक है।

तबला मिलाने की विधि

तबला बजाने से पहले तबले को मिलाना अति आवश्यक होता है क्योंकि बिना मिलाया गया तबला संगीतोपयोगी नहीं होता। इसलिए तबला मिलाने की विधि जान लेना अनिवार्य है। अतः तबले को मिलाने की विधि निम्नलिखित है :-

तबला मिलाने की दो विधियाँ हैं—पहला इसमें कुछ लोग आमने-सामने के घरों को मिलाते हैं, जैसे—१ के बाद ९ वाँ व ५ वें के बाद १३ वाँ इस प्रकार सोलहों घर मिलाते हैं। दूसरा- इस विधि में किसी एक घर द्वारा-प्रारम्भ करके क्रमानुसार प्रत्येक घर मिलाते हैं। तबले को अधिकतर मध्य तथा तार सप्तक के षड़ज से मिलाने की प्रथा है। इसका मुख्य कारण है कि पुरुष कण्ठ आर्थात गायक का स्वर मुख्यतः हारमोनियम के पहले काले व दूसरे काले या चौथे सफेद के (षड़ज) का होता है। और स्त्री कण्ठ हारमोनियम के तीसरे, चौथे व पाचवें काले (षड़ज) स्वर में होती है। अतः दोनों विभिन्न कण्ठ स्वरों में मिलाने के लिए दो अलग-अलग तबले की आवश्यकता पड़ती है। इसलिए ऊँचे स्वर के लिए छोटे मुँह का तबला और नीचे स्वर के लिए बड़े मुँह के तबले का चयन किया जाता है।

तबले को ऊँचे व नीचे उतारने व चढ़ाने के लिए तबले के गजरे और गट्टे का उपयोग होता है। इन पर हथौड़ी द्वारा ऊपर से नीचे की ओर आघात करने से, पूड़ी खिचती है जिसके फलस्वरूप स्वर ऊँचा व नीचे से ऊपर की ओर आघात करने से स्वर नीचा होता है।

तबला मिलाने से पूर्व तबला-वादक को गायक या वादक के स्वर को ध्यान-पूर्वक समझ लेना चाहिए। और फिर तबले के लव पर अंगुली द्वारा आघात करके उसकी ध्वनि की आस (गूँज) द्वारा, यह अनुमान कर लेना चाहिए कि गायक या वादक के स्वर से तबले का स्वर कितना ऊँचा या नीचा है। यदि इन स्वरों में केवल एक या आधे स्वर का अन्तर हो, तो गजरे को ही, ठोक कर ऊंचा या नीचा कर लेना चाहिए। और यदि अन्तर अधिक हो तो गट्टे पर आघात कर के स्वर को ऊँचा नीचा कर लेना चाहिए। फिर, गायक या वादक के स्वर के आस-पास, अगर तबले का स्वर पहुँच चुका हो तो तबले के गजरे पर थोड़े से आघात करके सही-सही मिला लेना चाहिए। एक बात का विशेष ध्यान रखना चाहिए कि गजरे पर अधिक आघात करना उचित नहीं, क्योंकि इससे पूड़ी खराब होने तथा फटने का भय

होता है। और अगर तबला मिल भी गया तो अधिक समय तक इसका स्वर टिका नहीं रह पायगा। इसलिए गट्टे से ही मिलाना श्रेयसकर है। इसके अतिरिक्त कभी-कभी लव व चांटी में अन्तर हो तो लव द्वारा ही मिलाना चाहिए। और चाँटी से थोड़ा आगे भाग, तथा लव मिली हुई, चाँटी का उपयोग कर लेने से भी काम चल सकता है। परन्तु इस प्रकार की पूड़ी को तुरन्त बदल लेना चाहिए।

ताल

"गीतं वाद्यं तथा नृत्यं यतस्ताले प्रतिष्ठितम्"

गीत, वाद्य और नृत्य तीनों की प्रतिष्ठा ताल पर हुई है। विद्वानों का मत है कि ताल का धातु रूप 'तल' है। इसे भित्ति या 'बुनियाद' कह सकते हैं। सम्भवतः इसीलिए प्रतिष्ठावाचक धातु रूप 'तल' से 'ताल' बना हो सकता है। पं. अमरसिंह के 'अमरकोष' में उल्लिखित है- 'तालः कालक्रियामानम्' अर्थात्- संगीत में समय नापने के साधन को 'ताल' कहते है। या संगीत में जो गायन-वादन की लम्बाई नापने का साधन है, वही 'ताल' है। जो अनेक विभागों और मात्राओं से बनता है। ताल संगीत को एक निश्चित नियम या समय के बन्धन में बाँधता है।

मात्रा

संगीत के क्षेत्र में लय दिखाने के लिए 'मात्रा' का बहुत बड़ा महत्व होता है। जिस तरह रूपये-पैसे, घन्टे-मिनट, मीटर-सेन्टीमीटर आदि हैं- ठीक इसी तरह, संगीत में समय नापने की ईकाई अथवा पैमाने को 'मात्रा' कहते हैं। अर्थात् रूपये का माप पैसा होता है, घन्टे का माप मिनट तथा मीटर का माप सेन्टीमीटर है। इसी प्रकार संगीत में प्रयुक्त तालों का माप, 'मात्रा' होता है। लय दिखाने के लिए एक ताली से दूसरी ताली के बीच के अवकाश को ही एक मात्रा मानते है।

लय

लय शब्द का साधारण अर्थ है 'गति'। संगीत में व्यतीत होने वाले गति की समता के रक्षण कार्य को लय कहते हैं। या संगीत में लगने वाले समय की समान गति को 'लय' कहते हैं। मुख्य लय तीन प्रकार की मानी गइ है- द्रुत, मध्य और विलम्बित।

विलम्बित लय- गायन-वादन व नृत्य में जब मात्राओं का समयान्तर अधिक हो अर्थात् लय धीमी हो तो उसे 'ठाह' या 'विलम्बित' लय कहते हैं।

मध्यलय—जब लय की गति न धीमी हो और न तेज उसे मध्यलय कहते हैं।

द्रुतलय—जब लय की गति बहुत तेज होती है तो उसे 'द्रुतलय' कहते हैं।

अर्थात्- द्रुत लय, मध्यलय से और मध्यलय, विलम्बित से दूनी होती है।

विभाग

ताल के पूरे ठेके को कई छोटे-छोटे विभागों में बाँट दिया जाता है जिन्हें 'विभाग' कहते हैं। अधिकतर विभाग २,३,४ और ५ मात्राओं के होते हैं।

जैसे- तीनताल की कुल मात्राएं १६, होती हैं और इसके विभाग ४ हैं तथा प्रत्येक विभाग ४-४ मात्राओं के हैं। और ताल-झपताल की कुल मात्राएं १० होती हैं तथा इसके विभाग भी ४ है, परन्तु प्रत्येक विभाग में अन्तर मात्राओं द्वारा होते हैं क्योंकि इसके २,३,२,३ मात्राओं के विभाग होते हैं।

सम

ताल का प्रारम्भ प्रथम मात्रे से किया जाता है, इसलिए ताल की प्रथम मात्रा को सम की संज्ञा दी गई है। यद्यपि गायन अथवा वादन की विभिन्न बन्दिशे, एक आवर्तन के अतिरिक्त अनेक आवर्तनों की भी हुआ करती हैं और उन बन्दिशों का 'मूल-सम' अलग-अलग होते हैं। परन्तु तबला वादक अपने वादन का आरम्भ ताल की पहली मात्रे से करता है तथा पहली मात्रे पर ही समाप्त करता है। अतः ताल-वाद्य का सम, प्रत्येक ताल की पहली मात्रा है। इसलिए प्रत्येक ताल की प्रथम मात्रा को सम कहते हैं।

ताली

ताल के जिस विभाग की पहली मात्रे पर हाथ से ताली दी जाती है उसे 'ताली' अथवा "भरी" कहते हैं। विभाग के अतिरिक्त ताल को ताली और खाली से और भी स्पष्ट कर दिया जाता है। प्रत्येक ताल की प्रथम मात्रे पर ताली दी जाती है। केवल 'ताल रूपक' अपवाद स्वरूप है। क्योंकि ताल-रूपक की पहली मात्रे पर खाली का संकेत होता है। इस के अतिरिक्त ताल के विभिन्न विभाग की पहली मात्रे पर भी ताली लगाई जाती है।

खाली

ताल के किसी विभाग की प्रथम मात्रा, जिस पर ताली न देकर केवल दाहिना हाथ, दाहिनी ओर झुका दिया जाता है, उसे 'खाली' कहते हैं। यह ताल के बीचो बीच या उसके लगभग आती है।

तबले के परिभाषिक शब्द

बोल—तबले के शास्त्र में सर्वाधिक प्रचलित शब्द बोल है। तबले के वर्णों द्वारा निर्मित जिन बोल-समूहों को बजाया जाता है उसे बोल कहते हैं। यह बोल समूह छोटो से छोटा, बड़े से बड़ा जोरदार या मुलायम अथवा किसी भी लय का होता है। कायदा, बांट, रेला, गत, परन, टुकड़ा, चक्रदार इत्यादि सभी इसी के अर्न्तगत आते हैं।

ठेका—ताल को प्रदर्शित करने के लिए तबले के वर्णों द्वारा निर्मित जो मुख्य बोल तबले पर बजाए जाते हैं उन्हें ठेका कहते हैं और ताल को बजाने में जब किसी ताल के वजन के अनुसार उसकी विभिन्न मात्राओं में तबले पर बजाने योग्य बोल समूह बजाया जाय तो उसे उस ताल का ठेका कहते हैं। उदाहरणार्थ—

तीनताल की मात्राएं १६ हैं तथा ठेका तबले के वर्णों द्वारा निर्मित है-

ताल के चिन्ह

ठेका (बोल)

X				२				०				३			
धा	धिं	धिं	धा	धा	धिं	धिं	धा	धा	तिं	तिं	ता	ता	धिं	धिं	धा
१	२	३	४	५	६	७	८	९	१०	११	१२	१३	१४	१५	१६

एक ताल की मात्राएं १२ हैं तथा ठेका तबले के वर्णों द्वारा निर्मित है—

ताल के चिन्ह

ठेका (बोल)

X		०		२		०		३		४	
धिं	धिं	धागे	तिरकिट	तू	ना	कत्	ता	धागे	तिरकिट	धिं	ना
१	२	३	४	५	६	७	८	९	१०	११	१२

आवृत्ति या आवर्तन—ताल की प्रथम मात्रा से लेकर अंतिम मात्रा तक के क्षेत्र को आवृत्ति, आवर्तन या आवर्त कहते हैं। उदाहरणार्थ—तीन ताल का एक आवर्तन १६ मात्राओं का, व झपताल का एक आवर्तन १० मात्रों का होगा। और इसका दूसरा आवर्तन पुनः प्रथम मात्रे से प्रारम्भ होगा। क्योंकि ताल को जितने बार दोहराया जायगा, उतनी ही आवृत्तियां उस ताल की होती जायेगी। जैसे-ताल-झपताल की एक आवृत्ति १० मात्रे की, दो आवृत्ति

२० मात्रे की और तीन आवृत्ति ३० मात्रे की होगी परन्तु प्रत्येक आवृत्ति की गिनती प्रथम मात्रे से शुरु करके १० मात्रे तक ही बार-बार गिनी जायेंगी। इसी प्रकार प्रत्येक तालों की आवृत्तियां होंगी। इसलिए किसी भी ताल की प्रथम मात्रा से लेकर उसके अन्तिम मात्रे तक को एक आवर्तन कहा जायेगा।

किस्म–ताल में प्रयुक्त होने वाले बोलों के वजन के अनुकूल उसके प्रत्येक मात्रे को अलंकृत करते हुये बदल-बदल कर नये स्वरूप देने को किस्म कहते हैं। उदाहरण स्वरूप–तीनताल की कुछ किस्में नीचे दी जा रही हैं–

मुख्य ठेका (१)

धा धिं धिं धा	धा धिं धिं धा	धा तिं तिं ता	ता धिं धिं धा
X	२	०	३

किस्म (१)

धा धिं धिंधिं धाती	धा धिं धिंधिं धाती
X	२
धा तिं तिंतिं ताती	ताता धिं धिंधिं धाती
०	३

किस्म (२)

ताऽत्रक धिंऽऽक्र धिंधिं धाती	धाऽत्रक धिंऽऽक्र धिंधिं धाती
धाऽत्रक तिंनां तिंतिं ताती	ताऽत्रक धिंऽऽक्र धिंधिं धाती

इसी प्रकार ताल-दादरा की कुछ किस्म निम्नलिखित हैं–

मुख्य ठेका	धा धिं ना X	धा तू ना ०
किस्म (१)	धा धिं नाना X	धा तू नाना ०
किस्म (२)	धाऽतेटे धिंधिं नाना X	धाऽतेटे तिंतिं नाना ०
किस्म (३)	धाऽगिना धागेत्रक धीनागीना X	धाऽगिना धागेत्रक तीनाकीना ०

तिहाई–किसी भी एक बोल-समूह को धा वर्ण से जोड़ते हुए पूरा-पूरा तीन बार बजाकर अंतिम (तीसरा) धा सम पर समाप्त किया जाय तो उसे तीया

या तीहाई कहते है। तबले के वर्णों में सबसे अधिक प्रभावयुक्त वर्ण धा होता है इसलिए तिहाई को प्रभावी बनाने में किसी भी बोल समूह के साथ धा वर्ण जोड़ना आवश्यक तथा उत्तम होता है। हालांकि अन्य वर्ण भी प्रयोग होते हैं परन्तु धा वर्ण सर्वाधिक प्रयोग किये जाते हैं।

तिहाई मुख्य रूप से दो प्रकार की होती है। पहला दमदार व दूसरा बेदम (बिनादम)।

१. दमदार—इसमें प्रत्येक बोल-समूह के बाद एक धा जोड़ने के उपरान्त एक या कुछ अधिक मात्रा का विराम, अर्थात् रूकना या दम देना होता है। इसलिए इसे दमदार तिहाई कहते हैं। परन्तु तीसरा (अंतिम) धा सम पर ही समाप्त हो जाता है, उसके बाद दम की आवश्यकता नहीं। उदाहरण के लिए ताल-झपताल की निम्न लिखित तिहाई से समझिए–

X	२	०	३	X
तेटेकत गदिगन	धा ऽ तेटेकत	गदिगन धा	ऽ तेटेकत गदिगन	धा

२. बेदम—इसमें प्रत्येक बोल समूह के साथ धा जोड़ने के उपरान्त दम या विश्रान्ति नहीं होती। इसलिये इसे बेदम तिहाई कहते हैं। उदाहरणार्थ निम्नलिखित तिहाई देखिए—

(ताल तीनताल की बेदम तिहाई)

X	२	
धागे तेटे कत गदि	गन धा, धा गेते टेक	
०	३	X
तग दिग नधा धागे	तेटे कत गदि गन	धा

बेदम तिहाई के दो मत हैं एक के मतानुसार बेदम तिहाई नहीं होती, क्योंकि 'धा' स्वयं दम लेकर आसीन होता है। और दूसरे मतानुसार 'धा' का आकार स्वयं मोटा होता है, इसलिये उसमें लगने वाले समय को दम नहीं मानते।

दूसरे मत के अनुसार आड़ाचार ताल की एक वेदम तिहाई निम्न प्रकार होगी–

X	२	०	३	०	४	०
तेटे धगि	नधा तेटे	धा तेटे	धगि नधा	तेटे धा	तेटे धगि	नधा तेटे
X						
धा						

नौहक्का–जब किसी एक तिहाई को तीन बार बजाने के बाद अन्तिम अर्थात् नवां 'धा' सम पर समाप्त हो तो उसे 'नौहक्का' कहते हैं। और इसकी दूसरी परिभाषा के अनुसार किसी बेदम तिहाई को बिना रुके तीन बार बजाने पर अंतिम 'धा' सम पर समाप्त हो तो उसे नौहक्का तिहाई कहते हैं। जैसे– उदाहरणार्थ–तीन ताल में छठवीं मात्रे से एक नौहक्का तिहाई निम्न प्रकार हैं–

X | २
धा धिं धिं धा | धा गिनातेटे धागिनाते टेधागिना
० | ३
तेटेधा,गि नातेटेधा गिनातेटे धा,गिनाते | टेधा ,गिना तेटेधा,गि नातेटेधा गिनातेटे |

धा

नौहक्का––तिहाई की तरह दमदार और बेदम दोनों ही होता है। उपर्युक्त पहली परिभाषा के अनुसार ताल-धमार में एक नौहक्का निम्नलिखित है–

X | २ |
क्रधातेटे धाऽक्रधा तेटेधाऽ क्रधातेटे धाऽऽऽ | क्रधातेटे धाऽक्रधा |
० | ३ | X
तेटेधाऽ क्रधातेटे धाऽऽऽ | क्रधातेटे धाऽक्रधा तेटेधाऽ क्रधातेटे | धा

कायदा–

कायदा फारसी भाषा का एक शब्द है, जिसका अर्थ विधान, नियम, ठंग, तरीका, विधि है।

इसकी परिभाषा निम्न प्रकार हैं–

कायदा तबले में प्रयुक्त होने वाले मूल वर्णों द्वारा निर्मित उस नियम बद्ध बन्दिश को कहते हैं जो मात्रा, ताली, खाली, विभाग पर आधारित होता है तथा जिसका अधिक से अधिक विस्तार होना सम्भव हो और उसके अभ्यास द्वारा हाथों को सही ढंग से गतिशील किया जा सके तथा तबला वादन की कला अच्छी तरह आ जाय वही सही रूप में कायदा है।

साहित्य की दृष्टि से इसे इस तरह से भी समझ सकते हैं। जिस प्रकार विभिन्न शब्दों द्वारा स्वर-व्यजंन व वर्णों का बोध कराया जाता है, उसी प्रकार कायदों द्वारा तबले के उन मूल वर्णों का परिचय कराया जाता है।

जैसे साहित्य में एक ही वर्ण का ज्ञान प्राप्त कराने के लिये भिन्न-भिन्न शब्दों की रचना की गई है जैसे–'क' कल, कह, कर, कलम, कमल, कलश, कटहल इत्यादि। ठीक उसी प्रकार कायदों के तथा इसके पल्टों के द्वारा विस्तार करते हुए इसके वर्णों को भी पहचनवाया जाता है।

कायदे के निर्माण में जिन विशेष बातों का ध्यान रखा जाता है वह निम्न प्रकार है–

१. कायदे का निर्माण ताल के मात्रा, ताली, खाली पर आधारित होता है।

२. तबले में प्रयुक्त होने वाले मूल-वर्णों से कायदों का निर्माण होता है।

३. इसके वर्णों पर अधिक सजगता से ध्यान रखा जाता है ताकि इसका अधिक से अधिक विस्तार किया जा सके।

४. यह एक तथा उससे अधिक आवर्तन का होता है।

५. कायदे की संरचना में ठेके के समान दो भाग होते हैं, पहला भरी तथा दूसरा खाली।

६. इसका प्रथम भाग भरी वर्णों से व दूसरा भाग खाली वर्णों से बनता है। भरी शब्द को (खुली) भी कहा जाता है तथा खाली को (मूंदी)।

बनारस में तबला-वादन की शिक्षा का श्री गणेश इसी कायदे से होता है। उदाहरणार्थ–

X	२	०	३
धा धा ते टे	धा धा तू ना	ता ता ते टे	धा धा धिं ना

प्रस्तार–

कायदे में प्रयुक्त होने वाले बोलों के विस्तार करने में, ताल के स्वरूप को सही-सही रखते हुये जो विभिन्न रचनाएं बनती हुई चलती हैं उन्हें प्रस्तार, विस्तार, पल्टा, पेंच इत्यादि कहते हैं। परन्तु कायदे के विस्तार या फैलाव के लिये प्रस्तार शब्द अधिक उपयुक्त लगता है। इसलिये प्रस्तार कहना अनुचित न होगा।

कायदे के प्रस्तार करने में जिन नियमों का आधार लिया जाता है वह निम्न प्रकार है–

१. कायदे में प्रयुक्त होने वाले बोलों द्वारा ही निर्मित होने चाहिएं।

२. ताली-खाली के अनुरूप भरी अथवा खाली बोल रचे जांय।

३. प्रस्तार क्रम बद्ध होना चाहिये, जिससे विस्तार करने में सुविधा हो।

४. प्रस्तार करते समय यह ध्यान अवश्य रखना चाहिए कि कायदे में आए हुए संयुक्त बोल का स्वरूप न बिगड़े।

उदाहरणार्थ—

मूल कायदा	धा धा तेटे	धा धा तिं ना	ता ता ते टे	धा धा धिं ना
	X	२	०	३

उपर्युक्त कायदे में 'धा' व 'ता' अकेला वर्ण है, और 'तेटे' 'तिना' व 'धिना' संयुक्त बोल है। 'धा' व 'ता' को अनेक बार तथा अनेक प्रकार से प्रयुक्त कर सकते हैं लेकिन 'तेटे' व 'तिना' या 'धिना' का विभाजन नहीं कर सकते। यदि इन संयुक्त बोलों का विभाजन किया गया तो कायदे का स्वरूप और अर्थ बिगड़ जायगा। क्योंकि प्रत्येक कायदे की बंदिश का एक अपना स्वरूप होता है, तथा उसकी रचना में अर्थ निहित होता है। उपर्युक्त कायदे का उपयोगी तथा अनुपयोगी प्रस्तार के उदाहरण निम्नलिखित हैं—

उपयोगी प्रस्तार	धा धा ते टे	धा धा ते टे	धा धा ते टे	धा धा तू ना
	X	२	०	३
	ता ता ते टे	ता ता ते टे	धा धा ते टे	धाधा धिंना
	X	२	०	३

अनुपयोगी प्रस्तार धा ते ते टे | धा ते तिं ना

या

धा टे ते धा | टे ते ना धिं

इत्यादि

मूल कायदे के कुछ क्रम से प्रस्तार किये जा रहे हैं—

(सबसे पहले कायदे के प्रथम विभाग के बोलों के प्रस्तार)

मू.का.	धा धा ते टे	धा धा तिं ना	ता ता ते टे	धा धा धिं ना
	X	२	०	३
प्र०	धा धा ते टे	धा धा ते टे	धा धा ते टे	धा धा तिं ना
	ता ता ते टे	ता ता ते टे	धा धा ते टे	धा धा धिं ना
प्र०	धा धा ते टे	ते टे ते टे	धा धा ते टे	धा धा तिं ना
	ता ता ते टे	ते टे ते टे	धा धा ते टे	धा धा धिं ना
प्र०	धा धा ते टे	ते टे धा धा	ते टे ते टे	धा धा तिं ना
	ता ता ते टे	ते टे धा धा	ते टे ते टे	धा धा धिं ना

प्र०	धा ते टे धा	धा ते टे धा	धा धा ते टे	धा धा तिं ना
	ता ते टे ता	ता ते टे धा	धा धा ते टे	धा धा धिं ना
प्र०	धा ते टे धा	ते टे ते टे	धा धा ते टे	धा धा तिं ना
	ता ते टे ता	ते टे ते टे	धा धा ते टे	धा धा धिं ना
प्र०	धा धा धा धा	ते टे ते ट	धा धा ते टे	धा धा तिं ना
	ता ता ता ता	ते टे ते टे	धा धा ते टे	धा धा धिं ना
प्र०	धा धा धा धा	धा धा ते टे	धा धा ते टे	धा धा तिं ना
	ता ता ता ता	ता ता ते टे	धा धा ते टे	धा धा धिं ना
प्र०	धा धा धा धा	ते टे धा धा	धा धा ते टे	धा धा तिं ना
	ता ता ता ता	ते टे धा धा	धा धा ते टे	धा धा धिं ना
प्र०	ते टे धा ते	ते धा ते टे	धा धा ते टे	धा धा तिं ना
	ते टे ता ते	टे ता ते टे	धा धा ते टे	धा धा धिं ना
प्र०	ते टे धा धा	ते टे ते टे	धा धा ते टे	धा धा तिं ना
	ते टे ता ता	ते टे ते टे	धा धा ते टे	धा धा धिं ना

(कायदे के दूसरे विभाग के बोलों को मिलोते हुए प्रस्तार)

	X	२	०	३
प्रस्तार	धा धा ते टे	धा धा तिं ना	धा धा तिं ना	धा धा तिं ना
	ता ता ते टे	धा धा धिं ना	धा धा धिं ना	धा धा धिं ना
प्र०	धा ते टे, धा	धिं ना, धा ते	टे, धा धिं ना	धा धा तिं ना
	ता ते टे, ता	तिं ना, धा ते	टे, धा धिं ना	धा धा धिं ना
प्र०	धा ते टे, धा	धिं ना, धा धिं	ना, धा धिं ना	धा धा तिं ना
	ता ते टे, ता	तिं ना, धा धिं	ना, धा धिं ना	धा धा धिं ना

प्र०	धा ते टे, धा ता ते टें, ता	धि ना, ते टे तिं ना, ते टे	धा धि ना, ते धा धिं ना, ते	टे धा तिं ना टे धा धिं ना
प्र०	धा धा ते टे ता ता ते टे	धा धा धिं ना ता ता तिं ना	धिं ना, धिं ना धिं ना, धिं ना	धा धा तिं ना धा धा धिं ना
प्र०	धिं ना, धिं ना तिं ना, तिं ना	धा धा धिं ना ता ता तिं ना	धा धा ते टे धा धा ते टे	धा धा तिं ना धा धा धिं ना
प्र०	धिं ना धा धिं तिं ना ता तिं	ना, धा धिं ना ना, ता ति ना	धा धा ते टे धा धा ते टे	धा धा तिं ना धा धा धिं ना
प्र०	धि ना, धा धा तिं ना, ता ता	धिं ना, धिं ना तिं ना, तिं ना	धा धा ते टे धा धा ते टे	धा धा तिं ना धा धा धिं ना
प्र०	धिं ना, धो धा तिं ना, ता ता	ते टे धा धा ते टे ता ता	ते टे, ते टे ते टे, ते टे	धा धा तिं ना धा धा धिं ना
प्र०	धिं ना, धा ते तिं ना, ता ते	टे, धा धिं ना टे, ता तिं ना	धा धा ते टे धा धा ते टे	धा धा तिं ना धा धा धिं ना
प्र०	धिं ना धा धा तिं ना ता ता	ते टे, ते टे ते टे, ते टे	धा धा ते टे धा धा ते टे	धा धा तिं ना धा धा धिं ना

(प्रस्तार में दम (विश्रांति) का प्रयोग)

	X	२	०	३
प्रस्तार	धा ऽ ते टे ता ऽ ते टे	ऽ धा ते टे ऽ ता ते टे	धा ऽ ते टे धा ऽ ते टे	धा धा तिं ना धा धा धिं ना
प्र०	धा ऽ ते टे ता ऽ ते टे	ऽ धा ते टे ऽ ता ते टे	ऽ धा ते टे ऽ धा ते टे	ऽ धा तिं ना ऽ धा धिं ना

प्र०	ऽ धा ते टे	धा ऽ ते टे	ऽ धा ते टे	ऽ धा तिं ना
	ऽ ता ते टे	ता ऽ ते टे	ऽ धा ते टे	ऽ धा धिं ना
प्र०	ऽ धा ते टे	ऽ धा ऽ धा	ऽ धा ते टे	ऽ धा तिं ना
	ऽ ता ते टे	ऽ ता ऽ ता	ऽ धा ते टे	ऽ धा धिं ना
प्र०	ऽ धा, ऽ धा	ऽ धा, ते टे	ऽ धा ते टे	ऽ धा तिं ना
	ऽ ता, ऽ ता	ऽ ता, ते टे	ऽ धा ते टे	ऽ धा धिं ना
प्र०	ऽ धा, ऽ धा	ते टे ऽ धा	ऽ धा ते टे	ऽ धा तिं ना
	ऽ ता, ऽ ता	ते टे ऽ धा	ऽ धा ते टे	ऽ धा धिं ना
प्र०	ऽ धा ते टे	धा ऽ ऽ धा	ऽ धा ते टे	ऽ धा तिं ना
	ऽ ता ते टे	ता ऽ ऽ धा	ऽ धा ते टे	ऽ धा धिं ना
प्र०	ऽ धा ते टे	धा ऽ ऽ धा	ते टे धा ऽ	ऽ धा तिं ना
	ऽ ता ते टे	ता ऽ ऽ ता	ते टे धा ऽ	ऽ धा धिं ना
प्र०	ऽ धा ते टे	ते टे ऽ धा	ऽ धा ते टे	ऽ धा तिं ना
	ऽ ता ते टे	ते टे ऽ ता	ऽ धा ते टे	ऽ धा धिं ना
प्र०	ते टे ऽ धा	ऽ धा ते टे	धा ऽ ऽ धा	ऽ धा तिं ना
	ते टे ऽ ता	ऽ ता ते टे	धा ऽ ऽ धा	ऽ धा धिं ना

इस तरह अनेक प्रस्तार किये जा सकते हैं। इनके अतिरिक्त लयकारी युक्त प्रस्तार भी किये जा सकते हैं।

मुखड़ा या मोहरा

मुखड़ा या मोहरा के बारे में विभिन्न मत मिलते हैं। एक मत के अनुसार मुखड़ा और मोहरा अलग-अलग हैं। और दूसरे मत के अनुसार दोनों एक ही हैं। वास्तव में शब्दों पर विचार करने पर दोनों का एक ही अर्थ होता है क्यों कि मुँह या मुख इसमें सिर्फ भाषा का ही अन्तर है।

इन दोनों को अलग-अलग मानने वालों के मतानुसार मोहरा शब्द को दो अर्थों में प्रयोग करते हैं। पहले अर्थ मे छोटे-छोटे समूह को बजाकर

तबला-वादक, गायक-वादक की सम से आकर मिलता है उसे मोहरा कहते हैं। उदाहरणार्थ–

३				X
किटतक	तिरकिट	तकताऽ	तिरकिट	धा
१३	१४	१५	१६	१

दूसरे अर्थ में मोहरा उसे कहते हैं जिसके बोल तिहाई के चक्कर लगाते हुए सम पर आते हैं। जैसे—

X				२			
धा	तूना	किटतक	ताऽतिर	किटतक	तिरकट	तक तक	तिरकिट
१	२	३	४	५	६	७	८
०				३			
धा	तिरकिट	तक,तक	तिरकिट	धा	तिरकिट	तक,तक	तिरकिट
९	१०	११	१२	१३	१४	१५	१६
X							
धा							

जिन विद्वानों का मत है कि मुखड़ा या मोहरा एक ही है, उनके विचार से मुखड़े के एक या दो आवर्तन का ऐसा टुकड़ा कहा जाता है जो गायन-वादन के मध्यलय में चल रहे ताल के सम से आकर्षण पूर्वक मिलने के लिए प्रयोग में लाया जाता है। यह तिहाई दार अथवा बिना तिहाई का हो सकता है। इसलिए साधारणतः जिन बड़े-बड़े मोहरों को हम मुखड़ा कहते हैं, उन्हें टुकड़ा कहना अधिक उपयुक्त होगा।

मुखड़ा या मोहरा का उपयोग अधिकतर गायन-वादन की संगति में किया जाता है, क्योंकि जब गायक-वादक अपने स्वर-अलंकारों की आवृत्ति समाप्त करके सम पर आने के लिए गीत का मुखड़ा पकड़ता है,तो आवश्यकतानुसार तबला-वादक जिन छोटे या बड़े तिहाई या बिना तिहाई के बोलों का उपयोग, सम पर आने के लिए करता है उसे मुखड़ा या मोहरा कहेंगे। इनमें छोटे बोलों को मोहरा तथा बड़े व ज़ोरदार बोलों को मुखड़ा कहना ठीक नहीं। वास्तव में गायन-वादन में बड़े-बड़े चक्रदार परन या बड़ी-बड़ी गतें इत्यादि नहीं बजाई जाती। इसलिए गायन-वादन को सुन्दर और प्रभावयुक्त बनाने की दृष्टि से मोहरे या मुखड़े का प्रयोग किया जाता है।

टुकड़ा—टुकड़ा 'शब्द' के अर्थ के अनुसार तबले, में बजने वाले किसी भी छोटे या बड़े बोल-समूह को टुकड़ा कहा जा सकता है। परन्तु यह

केवल शब्द के अर्थ के अनुसार है। वास्तव में टुकड़े का क्रियात्मक स्वरूप इससे भिन्न है। उदाहरण के लिए जो तिहाई और नव हक्का का अन्तर्भेद है, वही टुकड़ा व चक्रदार का है। जिस तरह किसी भी तिहाई के बोल–समूह को तीन बार कहने से नव हक्का हो जाता है, उसी तरह किसी भी तिहाई सहित बोल-समूह को तीन बार बजाने पर साधारण चक्रदार कहलाता है। अगर तिहाई सहित बोल-समूह को (जो ताल-तीनताल की ग्यारह मात्रे का एक टुकड़ा होता है) एक बार बजाने पर उसे केवल टुकड़ा कहा जायगा। अतः इसी ढंग के टुकड़े को, एक आवृत्ति से लेकर तीन या चार आवृत्ति तक के तिहाई सहित बोल-समूह को 'टुकड़ा' कहते हैं। टुकड़ें के विभिन्न प्रकार होते हैं–

(१) बिना तिहाई का टुकड़ा (यद्यपि यह मुखड़े की तरह भी प्रयोग किया जाता है)

(२) एक तिहाई युक्त टुकड़ा

(३) तीन तिहाई युक्त टुकड़ा

इन 'तीनो' के उदाहरण निम्नलिखित है :–

१. बिना तिहाई का टुकड़ा

X				२				
धेरधेर	किटतक	धा	किटतक	धड़ा	ऽन	ताऽ	धाऽ	
१	२	३	४	५	६	७	८	
०				३				X
धेरधेर	किटतक	धाऽतिर	किटतक	तिरकिट	तकताऽ	तेटेकत	गदिगन	धा
९	१०	११	१२	१३	१४	१५	१६	१

२. एक तिहाई युक्त टुकड़ा (इसमें आठ मात्रे का बोल समूह तथा आठ मात्रे की तिहाई है)

X				२				
धागेतेटे	तागेतेटे	तकदिंऽ	नागेतेटे	तेटेतगि	ऽनधेटे	तगिन्न	धेऽताऽ	
१	२	३	४	५	६	७	८	
०				३				X
त्रकधेत्ऽ	तगिन्न	धा	त्रकधेत्ऽ	तगिन्न	धा	त्रकधेत्ऽ	तगिन्न	धा
९	१०	११	१२	१३	१४	१५	१६	१

३. तीन तिहाई युक्त टुकड़ा

X				२				
धाती	ऽधा	तीऽ	धाती	धाऽतिर	किटतक	ताऽतिर	किटतक	
१	२	३	४	५	६	७	८	
०				३				
तिरकिट	तकताऽ	तिरकिट	धाती	धा	धाती	धा	धाती	
९	१०	११	१२	१३	१४	१५	१६	
X				२				
धाऽ	ऽता	तिरकिट	धाती	धा	धाती	धा	धाती	
१	२	३	४	५	६	७	८	
०				३				X
धाऽ	ऽता	तिरकिट	धाती	धा	धाती	धा	धाती	धा
९	१०	११	१२	१३	१४	१५	१६	

अन्य प्रकार–

X				२			
धेत्ऽ	धेरधेर	किटतक	धाऽतिर	किटतक	तिरकिट	तक,तक	तिरकिट
१	२	३	४	५	६	७	८
०				३			
धाऽ	ऽतक	तिरकिट	धाऽऽऽ	तकतिर	किटधाऽ	ऽऽतक	तिरकिट
९	१०	११	१२	१३	१४	१५	१६
X				२			
धाऽ	ऽतक	तिरकिट	धाऽऽऽ	तकतिर	किटधाऽ	ऽऽतक	तिरकिट
९	१०	११	१२	१३	१४	१५	१६
०				३			
धाऽ	ऽतक	तिरकिट	धाऽऽऽ	तकतिर	किटधाऽ	ऽऽतक	तिरकिट
९	१०	११	१२	१३	१४	१५	१६

X
धा
१

नोट–टुकड़े के और भी प्रकार हैं जिसे पुस्तक के अन्य भाग में प्रकाशित किया जायेगा।

बाँट—विभिन्न विद्वानों के अनुसार लग्गी के विस्तार को बाँट कहा गया है। लेकिन यह बाँट के शब्दार्थ के अनुसार बाँट या बाँटना हो सकता है। यद्यपि यह विचार करने योग्य बात है कि जब किसी बन्दिश के विस्तार को पल्टा, पेंच, प्रकार आदि कहा जाता है तो केवल लग्गी के विस्तार को पृथक नाम (बाँट) देना कहाँ तक उचित है? जब कि पल्टा, पेंच आदि नामों से स्वतंत्र बन्दिशें नहीं होती, किन्तु बाँट को स्वतंत्र नाम से अवश्य सम्बोधित किया जाता है। अतः बाँट को स्वतंत्र रूप से एक बन्दिश मानना उचित है।

बनारस घराने में विशेष रूप से बाँट बजाने की प्रथा चली आ रही है। इस बाँट के दो प्रकार हैं, १. स्वतंत्र बाँट २. प्रबन्ध बाँट। इसमें भी अन्य बन्दिशों की तरह ही विस्तार किया जाता है, तथा ठाह, दुगुन, चौगुन आदि लय में बजाया जाता है।

स्वतंत्र बाँट की चाल मुख्यतः साधारण होती है, उदाहरणार्थ—

X	२
धींऽ धीना तिरकिट धीना	धागे नातीं ऽती नाड़ा
०	३
तींऽ तीना तिरकिट धीना	धागे नाधीं ऽधी नाड़ा

उपर्युक्त बाँट में दम (ऽ) के स्थान पर 'गे' का प्रयोग करते हुए भी बजाया जाता है। यथा—

X	२
धीगे धीना तिरकिट धीना	धागे नाती केती नाड़ा
०	३
तीके तीना तिरकिट धीना	धागे नाधी गेधी नाड़ा

उपर्युक्त बन्दिश को कुछ लोग कायदा भी कहते हैं परन्तु वास्तव में बनारस में इसे बाँट कहा जाता है।

दूसरे प्रकार के बाँट में बन्धन होते हैं, क्योंकि इस बाँट को बजाने के बाद रेला बजाया जाता है। इसमें जो बन्धन होते हैं उनके कुछ मुख्य नियम निम्नलिखित है—

१. इस बाँट के विस्तार के बाद इसी चलन का रेला बजाया जाता है।

२. प्रबन्ध-बाँट किसी न किसी छन्द पर आधारित होता है।

३. बनारस में छन्द बाँट के अनुसार उसी छन्द का रेला दुगुनी लय में बजाया जाता है।

४. स्वतंत्र रेला व स्वतंत्र बाँट विभिन्न लय में बजाया जा सकता है परन्तु प्रबन्ध बाँट अथवा रेला में यह स्वतंत्रता नहीं है।

प्रबन्ध बाँट तथा इसका रेला, उदाहरणार्थ निम्नलिखित है–

बाँट–	धा ड़ धा ति	न ति ना ड़
	X	२
	ता ड़ धा धि	न धि ना ड़
	०	३

इसी बाँट का रेला–	धा तिरकिट तक धिन	तक तिन ता तिरकिट
	X	२
	ता तिरकिट तक धिन	तक धिन धा तिरकिट
	०	३

रेला–

कायदे की रचनानुसार ही निर्मित होता है। अंतर केवल बोलों के चुनाव का होता है। रेला में बोल कुछ इस प्रकार से लिए जाते हैं कि जिनको सरलता से तेज लय में बजाना सम्भव हो। यद्यपि धीमी गति में रेला, कायदे की ही तरह प्रतीत होता है, परन्तु जब चौगुनी, अठगुनी लय में बजता है तब धारा प्रवाह चलता हुआ सुनाई पड़ता है। रेला ऐसे बोलों का समूह होता है जिसे बिना विशेष कठिनाई के अति द्रुत लय में वादन किया जा सकता है। यही इसकी सबसे बड़ी विशेषता होती है।

तबले के कुछ बोल स्वतः तेज लय अर्थात् (द्रुत लय) में बजने वाले होते हैं, जैसे–तिरकिट, धेरधेर, धिनाधिन, धड़गिन इत्यादि। अतः रेले में इन बोलों को अनिवार्य रूप से प्रधानता दी गई है। उपर्युक्त बातों के अतिरिक्त कायदे व रेले के बोलों में भरी व खाली तथा प्रस्तार किये जाते हैं।

रेले के कई प्रकार है जैसे–स्वतंत्र रेला, कायदा रेला, ठेका का रेला, अंगुश्ताने का रेला, बाँट का रेला। इनमें से पुस्तक के इस भाग में स्वतंत्र रेला, कायदा रेला तथा बाँट का रेला का परिचय दिया जा रहा है। यथा–

स्वतंत्र रेला– X

धाऽतिर घेड़नग दिनतक धाऽतिर

२

घेड़नग दिनतक ताऽतिर किटतक

०
ताऽतिर केड़नक तिनतक ताऽतिर
३
घेड़नग दिनतक धाऽतिर किटतक

कायदे से निर्मित रेला– धाऽतिर किटतक तिंना किटतक
ताऽतिर किटतक धिंना किटतक

बाँट का रेला–

X	२
धा तिरकिट तक धिन	तक तिन ताँ तिरकिट
०	३
ता तिरकिट तक धिन	तक धिन धा तिरकिट

रौ–

रेले के किसी भाग को बिना विस्तार किए धारा प्रवाह बजाने से एक जैसी आवाज स्थिर हो जाती है उसे 'रौ' कहते हैं। कभी-कभी पूरे रेले को भी बिना विस्तार बजाने से 'रौ' कायम होता है। परन्तु रेले को रौ की तरह स्वतन्त्र बादन में प्रयुक्त किया जाता है तथा रौ को संगत व सोलो दोनों में प्रयुक्त किया जाता है।

स्वतंत्र रेले की तरह स्वतन्त्र रौ भी होते हैं। दोनों के एक-एक उदाहरण निम्नलिखित हैं–

(रेले के भाग द्वारा निर्मित रौ)

धाऽतिर किटधाऽ घेड़नग तिनतक
ताऽतिर किटधाऽ घेड़नग धिनतक

(स्वतन्त्र रौ)

धाऽतिर किटतिंऽ नाऽतिर किटतक
ताऽतिर किटधिंऽ नाऽतिर किटतक

गत–

गत का तबले के स्वतन्त्र बादन में बहुत महत्व होता है। अनेक प्रकारके संयुक्त बोलों से युक्त एक विशेष बंदिश होती है जिसको एक बार धा (भरी) से बजाया जाता है और दूसरी बार 'ता' (खाली) से बजाया जाता है। विभिन्न बोलों से युक्त रचना होने के कारण इसमें प्रस्तार की क्रिया सम्भव नहीं होती, इसलिए गत को स्वतन्त्र बादन में विशेष रचना के रूप में प्रस्तुत किया जाता है। और इसका केवल ठाह, दुगुन, चौगुन में वादन करके

समाप्त कर दिया जाता है। गत के अनेक प्रकार होते हैं। जैसे–दुपल्ली, तिपल्ली, चौपल्ली, चक्रदारगत, पंजाबीगत, लाहौरी गत, इत्यादि।

गत कायदा

जिन गतों की रचना उपर्युक्त गतों से भिन्न होती है तथा इसमें अनेक प्रकार के संयुक्त बोलों का भी कम उपयोग किया गया होता है और इस रचना का उचित विस्तार किया जाना सम्भव है, ऐसी रचना को गत-कायदा कहते हैं। उदाहरण के लिये बनारस घराने का एक गतकायदा निम्नलिखितहै

X				२			
दिनतक	दिनतक	तकदिन	तकदिन	तकतक	दिनतक	धाऽतिर	किटतक
०				३			
तकतिर	किटधाऽ	घेड़नग	दिनतक	धेरधेर	किटतक	ताऽतिर	किटतक
X				२			
तिनतक	तिनतक	तकतिन	तकतिन	तकतक	तिनतक	ताऽतिर	किटतक
०				३			
तकतिर	किटधाऽ	घेड़नग	दिनतक	धेरधेर	किटतक	धाऽतिर	किटतक

उठान

उठान- शब्द बनारस घराने से सम्बन्धित है। अन्य पाँच घराने का तबला-वादन पेशकार से प्रारम्भ होता है। परन्तु बनारस घराने में तबला-वादन का प्रारम्भ उठान द्वारा किया जाता है। प्राचीन समय में स्वतंत्र-वादन के साथ-साथ, गायन-वादन एवं नृत्य के साथ संगत करने के विभिन्न 'उठान'थे । परन्तु वर्तमान समय में अधिकतर नृत्य के साथ के उठान का अधिक उपयोग होता है। अतः उठान के बोलों में परन की सभी विशेषताएँ सम्मिलित होती है। उठान को पहले बराबर, लय में, फिर दुगुन तथा आड़लय में, एवं अंत में आड़ के दुगुन या दुगुन का दुगुन अर्थात् 'चौगुन' में की गई रचना को बनाया जाता है। इसके उपरान्त ही अन्य रचनाओं को प्रस्तुत किया जाता है।

उदाहरणार्थ- तीन ताल में एक उठान निम्नलिखित है–

X				२			
धाऽत्रक	धेतेटेध	गिनधाऽ	क्रधातूना	कतेटेदिं	ऽनातेटे	तेटेक्रधा	ऽनकत्ऽ
०				३			
तेटेक्रधाऽन	धागेतेटे	धिन	धगेऽदिगिन	धिन्तड़ऽन	क्रतेटेतगिनधेटे	धागेतेटेकतगदि	

गनधाऽक्रधाऽन	धाऽगदिगनधाऽ	X क्धाऽनधाऽगदि	गनधाऽक्रधाऽन	धाऽधिन्‌तड़ाऽन
क्तेटेतगिनघेंटे	२ धागेतेटेक्तगदि	गनधाऽक्रधाऽन	धाऽगदिगनधाऽ	क्रधाऽनधाऽगदि
० गनधाऽक्रधाऽन	धाऽधिन्‌तड़ाऽन	कतेटेगिनघेटे	धागेतेटे कतगदि	
३ गनधाऽक्रधाऽन	धाऽगदि गनधाऽ	क्रधाऽनधाऽगदि	गनधाऽक्रधाऽन	X धा

'परन' या 'परण'

'परन' या 'परण' शब्द मुख्य रूप से पखावज से सम्बन्धित है। परन्तु अधिक समय से तबले के साथ जुड़ चुका है। परन ज़ोरदार व खुले बोलों द्वारा निर्मित रचना को कहते हैं। इसके मुख्य लक्षण निम्न प्रकार है :-

१- परन, कम से कम दो आवर्तन का होना अनिवार्य है।
२- अधिक से अधिक अनेक आवर्तनों के भी हो सकते हैं।
३- परन के बोल-समूह दोहराते हुए चलते हैं।
४- परन तिहाई युक्त तथा बिना तिहाई के भी होते हैं।
५- अधिक आवर्तन के परनों में, बहुत से बोल बार-बार दोहराए जाते हैं।
६- परनों के चार भेद मुख्य रूप में मिलते है-
(अ) साथ-परन, **(ब)** गत-परन, **(स)** ताल-परन, **(द)** बोल-परन।
७- परन में प्रयुक्त होने वाले बोल, जैसे :- धागेतेटे, तागेतेटे क्रधातेटे, क्रधेऽधेतेटे, क्रधान, धेतूता, घेड़नग, तगिन्न आदि।

उदाहरण के लिए तीन ताल में एकबहुतप्रचलित परन निम्नलिखित है :-

X				२			
धागेतेटे	धागेतेटे	तागेतेटे	तागेतेटे	क्रधातेटे	धागेतटे	गदिगन	नागेतेटे
०				३			
कतेटेत	गिनतक	तेटेकत	गदिगन	धाऽधाऽ	धाऽतेटे	कतगदि	गनधाऽ
X				२			
धाऽधाऽ	तेटेकत	गदिगन	धाऽधाऽ	धा	ऽ	धागेतेटे	धागेतेटे
०				३			
तागेतेटे	तागेतेटे	क्रधातेटे	धागेतेटे	गदिगन	नागेतेटे	कतेटेत	गिनतक

X				२			
तेटेकत	गदिगन	धाऽधाऽ	धाऽतेटे	कतगदि	गनधाऽ	धाऽधाऽ	तेटेकत
०				३			
गदिगन	धाऽधाऽ	धा	ऽ	धागेतेटे	धागेतेटे	तागेतेटे	तागेतेटे
X				२			
क्रधातेटे	धागेतेटे	गदिगन	नागेतेटे	कतेटेत	गिनतक	तेटेकत	गदिगन
०				३			
धाऽधाऽ	धाऽतेटे	कतगदि	गनधाऽ	धाऽधाऽ	तेटेकत	गदिगन	धाऽधाऽ

X |
धा |

चक्रदार

किसी तिहाई सहित बोल समूह को तीन बार बजाने पर जब अन्तिम 'धा' सम पर समाप्त होता है तो उसे चक्रदार कहते हैं। तथा इसे 'चक्रदार टुकड़ा' और 'चक्रदार परन' के नाम से भी सम्बोधित किया जाता है।

चक्र शब्ध का अर्थ है घूमना, अर्थात् तिहाई सहित बोल समूह तीन बार चक्र लगाते हुए ताल के (कम से कम) दो चक्र (आवृत्ति) पूरी करते हुए अन्तिम 'धा' सम पर पँहुचे तो इसे चक्रदार कहा जाएगा।

चक्रदार के तीन मुख्य भेद हैं।

१. साधारण चक्रदार
२. फरमाईशी चक्रदार
३. कमाली चक्रदार।

साधारण चक्रदार—कम से कम दो आवृत्ति तथा पाँच आवृत्तियों के होते हैं। इनके उदाहरण निम्नलिखित हैं—

(तीनताल में-दो आवृत्तिका चक्रदार) इसका एक चक्र ११ मात्रे का है। जैसे—

X
त्रकधेत्ऽ त्रकधेत्ऽ धेरधेरकिटतक धेरधेरकत्ऽ
२
धेरधेरकिटतक धाऽतिरकितक तक्कड़ान धाऽतक्ऽ
०
कड़ान्ऽधाऽ तक्कड़ान धा त्रकधेत्ऽ

३
त्रकधेत्ऽ धेरधेरकिटतक धेरधेरकत्ऽऽऽ धेरधेकिटतक |

X
धाऽतिरकिटतक तक्क्ड़ान धाऽतक्ऽ क्ड़ान्ऽधाऽ |

२
तक्क्ड़ान धा त्रकधेत्ऽ त्रकधेत्ऽ |

०
धेरधेरकिटतक धेरधेरकत्ऽऽऽ धेरधेरकिटतक धाऽतिरकिटतक |

३
तक्क्ड़ान धाऽतकऽ क्ड़ानऽधाऽ तक्कड़ान् |

X
धा

(तीन ताल में पाँच आवृत्ति का चक्रदार)

यह चक्रदार कुल इक्क्यासी मात्रे का है। इसका एक तक्र सत्ताइस मात्रों के हैं। इसमें तीन लय है (बराबर, अडी, बराबर)। इस चक्रदार को सम से प्रारम्भ करके तीनों चक्र बजाने के बाद अंतिम 'धा' सम पर आयेगा। परन्तु विशेषता यह है कि इस चक्रदार का अन्तिम 'धा' को छोड़कर अन्य कोई भी तिहाई वाला 'धा' सम पर नहीं आता।

उदाहरणार्थ—

X
धागेतेटे तेटेतागे तेटेतेटे तकदिंऽ |

२
दिंऽनागे तेटेतेटे तेटेतगि ऽनधेत्ऽ

०
तगिन्न धा धाऽक्रधेतेटे धात्रकधेतेटे |

३
धेटेधेटेधेटे क्रधेऽधेतेटे कतगदिगन

नागेतिरकिटधिन |

X
तड़ाऽन गदिगन धा–घेरघेरकिटतक धाऽतिरकिटतक तक्क्ड़ान्

धाऽऽऽगदिगन |

२
धा–धेरधेरकिटतक धाऽतिरकिटतकतक्क्ड़ान् धाऽऽऽगदिगन

धा–धेरधेरकिटतक |

०
धाऽतिरकिटतक तक्क्ड़ान् धाऽऽऽगदिगन धा धागेतेटे

३
तेटेतागे तेटेतेटे तकदिंऽ दिंऽनागे |

X
तेटेतेटे तेटेतगि ऽनधेत्ऽ तगिन्न

२ | | | | ० | |
धा धाऽक्रधेतेटे धात्रकधेतेटे धेटेधेटेधेटे | क्रधेऽधेतेटे कतगदिगन

नागेतरकिटघिन् तड़ाऽनगदिगन | ३ धा–धेरधेरकिटतक धाऽतिरकिटतक तक्क्ड़ान

धाऽऽऽगदिगन धा–धेरधेरकिटतक | X धाऽतिरकिटतकतक्क्ड़ान् धाऽऽऽगदिगन

धा–धेरधेरकिटतक धाऽतिरकिटतक तक्क्ड़ान् | २ धाऽऽऽगदिगन धा धागेतेटे

तेटेतागे | ० तेटेतेटे तकदिंऽ दिंऽनागे तेटेतेटे | ३ तेटेतगि ऽनधेत्ऽ तगिन्न धा |

X
धाऽक्रधेतेटे धात्रकधेतेटे धेटेधेटेधेटे क्रधेऽधेतेटे | २ कतगदिगन नागेतिरकिटघिन्

तड़ाऽनगदिगन धा–धेरधेरकिटतक | ० धाऽतिरकिटतकतक्क्ड़ान् धाऽऽऽगदिगन

धा–धेरधेरकिटतक धाऽतिरकिटतकतक्क्ड़ान् | ३ धाऽऽऽगदिगन धा–धेरधेरकिटतक

धाऽतिरकिटतकतक्क्ड़ान् धाऽऽऽगदिगन | X धा

लयकारी लिखना

लयकारी—जब एक मात्रा काल में दो-दो, तीन-तीन या चार-चार बोल बजाए जाँय या इतने ही स्वर गाये जांय तो इस क्रिया को लयकारी करना कहेंगे। यद्यपि लय और लयकारी शब्दों का प्रयोग समान अर्थ में भी किया जाता है किन्तु लय के केवल मुख्यतः तीन प्रकार हैं जैसे—विलम्बित, मध्य और द्रुत। और लयकारी के अनेक प्रकार हैं। जैसे—जब एक मात्रा काल में एक से अधिक या कम बोल बजाए जाँय तो इसे लयकारी करना कहेंगे। अतः लयकारियों को लिखने व बोलने के नियम निम्नलिखित हैं—

ठाह— (१ मात्रा में, १ मात्रा लिखना व बोलना)

इसमें प्रत्येक मात्रा पर ताली देते हुए एक-एक बोल या स्वर गिनते हुए चलते हैं जिसे 'ठाह' या 'एक गुन' की लयकारी कहेंगे। इसे लिखने के लिए केवल अंकों को अलग-अलग लिख देना पर्याप्त होता है। जैसे–१, २, ३, ४ (यह प्रत्येक अंक एक-एक मात्रा का है)।

अधगुन—(२ मात्रे में १ मात्रा लिखना तथा बोलना)

इसमें प्रत्येक बोल या स्वर को एक-एक मात्रा बढ़ाकर लयकारी को आधी कर देते हैं, जिसे अधगुन कहते हैं। जिस प्रकार स्वर-लिपि में एक स्वर को एक मात्रा आगे रुकना पड़े या बढ़ाना पड़े तो (–) चिन्ह अथवा अवग्रह (ऽ) लगाते हैं उसी प्रकार अधगुन की लयकारी इस प्रकार लिखी जायेगी। जैसे–१- २- ३- ४- या १ऽ २ऽ ३ऽ ४ऽ।

दुगुन—(१ मात्रे में २ मात्रा लिखना व बोलना)

एक मात्रा काल में दो मात्रा बोलने या स्वर गाने को दुगुन या दून की लयकारी कहते हैं। इसमें प्रत्येक मात्रा पर ताली न देकर एक मात्रा में दो-दो मात्राओं को गिनें तो दुगुन या दून की लयकारी हो जायगी। इन दो-दो मात्राओं को एक कोष्ठक द्वारा घेर दिये जाते हैं, तथा प्रत्येक को एक मात्रा मान कर निम्न प्रकार लिखे जाएंगे–

१,२ ३,४ ५,६ ७,८।

तिगुन—(१ मात्रे में ३ मात्रा लिखना व बोलना)

एक मात्रा काल में ३ मात्राए बोलने से जो लयकारी बनती है उसे तिगुन कहते है। उपर्युक्त दुगुन लिखने की ही विधि से तिगुन की लयकारी लिखी जायगी। इनमें अन्तर केवल यही होगा कि इसके कोष्ठकमें तीन-तीन अंक लिखे जायगें–

१,२,३ ४,५,६ ७,८,९ १०,११,१२।

उपर्युक्त विधि से ही चौगुन, पचगुन छ-गुन, सतगुन अठगुन आदि सभी लयकारियां लिखी जएँगी।

उपर्युक्त सीधी लयकारियों के अतिरिक्त कुछ कठिन लयकारियाँ हैं जैसे–२ मात्रा में ३ मात्रा, ३मात्रा में २ मात्रा, ३मात्रा में ४, ४ में ५, ५ में ६, ४ में ७ इत्यादि। इन लयकारियों को पहले गिनती द्वारा फिर ताल के बोलों द्वारा लिखना या बोलना निम्न प्रकार है।

यथा–

पहले यह निश्चित करलें कि कितने मात्रा में कितनी मात्राएँ लिखनी है। इसे सरलता से समझने के लिए मात्राओं के दो भाग बना लें, जिसे 'क' भाग व 'ख' भाग से लिखनी है तो सबसे पहले 'ख' मात्राओं के बराबर अंक लिखे जाएँगे। इसके लिए प्रत्येक अंक के आगे 'क' से कम संख्या के अवग्रह लगा दिये जाएँगे। अन्त में अवग्रहों को भी पृथक विभाग के रूप में गिनते हुए 'ख' संख्या के विभागों को एक-एक मात्रा के कोष्ठक में रख देंगे। जैसे-

२ मात्रा में ३ मात्रा लिखना–१ऽ२, ऽ३ऽ इस लयकारी को आड़ (डेढ़गुन) कहेंगे। अर्थात् १ मात्रा में ($१\frac{१}{२}$) बोलने से आड़ लय होगी। और यह तिगुन की लयकारी की आधी होगी।

इसी विधि के अनुसार अन्य लयकारियाँ निम्नलिखित हैं–

३ मात्रा में २ मात्रा–१ऽ ऽ२ ऽऽ। ३ मात्रा में ४ मात्रा–१ऽऽ२ ऽऽ३ऽ ऽ४ऽऽ

४ में ३–१ऽऽ ऽ२ऽ ऽऽ३ ऽऽऽ। ४में ५–१ऽऽऽ२ ऽऽऽ३ऽ ऽऽ४ऽऽ ऽ५ऽऽऽ

५ में ४–१ऽऽऽ ऽ२ऽऽ ऽऽ३ऽ ऽऽऽ४ ऽऽऽऽ।

४ में ७–१ऽऽऽ२ऽऽ ऽ३ऽऽऽ४ऽ ऽऽ५ऽऽ६ ऽऽऽ७ऽऽऽ।

७ में ४–१ऽऽऽ ऽऽऽ२ ऽऽऽऽ ऽऽ३ऽ ऽऽऽऽ ऽ४ऽऽ ऽऽऽऽ।

कुआड़–इस लयकारी के बारे में दो मत हैं। पहले मत के अनुसार सवागुन (४ में ५) को ही कुआड़ कहते हैं, जिसे निम्न प्रकार लिखेंगे। जैसे–

१ऽऽऽ२ ऽऽऽ३ऽ ऽऽ४ऽऽ ऽ५ऽऽऽ

दूसरे मत के अनुसार आड़ की आड़ को कुआड़ कहते हैं। अर्थात् आड़ का अर्थ हुआ १ मात्रा में ३/२ मात्राएं इसलिए कुआड़ हुई १मात्रा में ३/२ ×३/२ =९/४ अर्थात् ४ मात्राओं में ९ मात्राएं जो इस प्रकार लिखे जाँयेगे–

१ऽऽऽ२ऽऽऽ३ ऽऽऽ४ऽऽऽ५ऽ ऽऽ६ऽऽऽ७ऽऽ ऽ८ऽऽऽ९ऽऽऽ।

विआड़—इसके भी दो मत हैं। पहले मत के अनुसार पौने दो गन अर्थात् (४ में ७) बिआड़ कहते हैं जिसका अर्थ हुआ १ मात्रा में १$\frac{3}{४}$ मात्राएँ जिसे निम्न प्रका लिखेंगे—

१ऽऽऽ२ऽऽ ऽ३ऽऽऽ४ऽ ऽऽ५ऽऽऽ६ ऽऽऽ७ऽऽऽ

दूसरे मत के अनुसार कुआड़ की आड़ को बिआड़ कहते हैं अर्थात् एक मात्रा में ९/४ × ३/२ = २७/८ जिसका अर्थ ८ हुआ मात्राओं में २७ मात्राएं जिसे इस प्रकार लिखेंगे—

१ऽऽऽऽऽऽऽ२ऽऽऽऽऽऽऽ३ऽऽऽऽऽऽऽ४ऽऽ
ऽऽऽऽऽ५ऽऽऽऽऽऽऽ६ऽऽऽऽऽऽऽ७ऽऽऽऽऽ

ऽऽ८ऽऽऽऽऽऽऽ९ऽऽऽऽऽऽऽ१०ऽऽऽऽऽऽऽ११
ऽऽऽऽऽऽऽ१२ऽऽऽऽऽऽऽ१३ऽऽऽऽऽऽऽ१४ऽऽऽ

ऽऽऽऽ१५ऽऽऽऽऽऽऽ१६ऽऽऽऽऽऽऽ१७ऽऽऽऽऽऽ
ऽ१८ऽऽऽऽऽऽऽ१९ऽऽऽऽऽऽऽ२०ऽऽऽऽऽऽऽ२१ऽ

ऽऽऽऽऽऽ२२ऽऽऽऽऽऽऽ२३ऽऽऽऽऽऽऽ२४ऽऽऽऽ
ऽऽऽ२५ऽऽऽऽऽऽऽ२६ऽऽऽऽऽऽऽ२७ऽऽऽऽऽऽऽ

लयकारी के उपर्युक्त नियम के अनुसार किसी भी लयकारी को सरलता से लिख सकते हैं। और इसका अभ्यास करके क्रियात्मक संगीत में प्रयोग कर सकते हैं।

तालों की विभिन्न लयकारियों को ताल-लिपि में लिखना

पीछे की गई लयकारियां अंको द्वारा प्रदर्शित की गई हैं। चूंकि संगीत क्रियातमक विषय है। अंत: ताल की कसौटी में खरे उतरना प्रत्येक संगीत के विद्यार्थी को नितान्त आवश्यक है। इसलिये विभिन्न तालों में विभिन्न लयकारियों को ताल-लिपि द्वारा लिखना व बोलना अनिवार्य है।

तालों में तालों के बोलों द्वारा लयकारी लिखने व बोलने की दो विधियां हैं। १. तालकी जितनी गुन की लयकारी प्रदर्शित करनी हो, उतनी ही बार उस ताल के बोल (ठेके) को लिखकर उतनी गुन की मात्राओं को एक-एक मात्रा के कोष्ठक में रखते हुए ताली, खाली विभाग के चिन्ह लगा देना चाहिए।

प्रथम विधि के अनुसार लयकारियां निम्नलिखित हैं–

(ताल-तीनताल–दुगुन की लयकारी में)

X				|	२			
धाधिं	धिंधा	धाधिं	धिंधा	|	धातिं	तिंता	ताधिं	धिंधा
०				|	३			
धाधिं	धिंधा	धाधिं	धिंधा	|	धातिं	तिंता	ताधिं	धिंधा

(ताल-झपताल–तिगुन की लयकारी में)

X		|	२		
धीनाधी	धीनाती	|	नाधीधी	नाधीना	धीधीना
०		|	३		
तीनाधी	धीनाधी	|	नाधीधी	नातीना	धीधीना

(ताल एक ताल चौगुन की लयकारी में)

X		|	०
धिंधिं धागे तिरकिट	तूना कत्ता	|	धागे तिरकिट धीना धिंधिं धागे तिरकिट
२		|	०
तूनाकत्ता	धागे तिरकिट धीना	|	धिं धिं धागे तिरकिट तुना कत्ता
३		|	४
धागेतिरकिटधीना	धिंधिंधागेतिरकिट	|	तूनाकत्ता धागे तिरकिट धीना

आड़, कुआड़, विआड़ की लयकारी लिखने की विधि। अर्थात् जिस ताल में आधी व चौथाई मात्रा के बोल हैं जैसे–एकताल, आड़ाचारताल इत्यादि। इन तालों की आड़, आदि लिखने में अवग्रहों को बड़ी सतर्कता से

लगाना चाहिए। आड़ लिखना–इसमें ताल के अन्तर्गत आने वाले प्रत्येक एक मात्रा के अक्षर (बोल) के दो भाग करने के लिए एक अवग्रह लगाया जाता है, किन्तु यदि एक मात्रा में दो अक्षर हों जैसे–(धागे) तो अवग्रह न जोड़ कर धा और गे को अलग-अलग लिखा जाएगा। और यदि एक मात्रा में चार अक्षर हों जैसे–(तिरकिट) तो उस मात्रा को दो भाग करने के लिए तिर ओर किट पृथक छोटे कोष्ठक सहित लिखे जाएगें। यथा–

(ताल-तीनताल आड़ की लयकारी में)

X				२			
धाऽधिं	ऽधिऽ	धाऽधा	ऽधिंऽ	धिंऽधा	ऽधाऽ	तिंऽतिं	ऽताऽ
०				३			
ताऽधिं	ऽधिऽ	धाऽधा	ऽधिंऽ	धिंऽधा	ऽधाऽ	धिंऽधिं	ऽधाऽ
X				२			
धाऽतिं	ऽतिऽ	ताऽता	ऽधिंऽ	धिंऽधा	ऽधाऽ	धिंऽधिं	ऽधाऽ
०				३			
धाऽधिं	ऽधिऽ	धाऽधा	ऽतिंऽ	तिंऽता	ऽताऽ	धिंऽधिं	ऽधाऽ

(ताल-एकताल आड़ की लयकारी में)

X		०		२		०	
धिंऽधिं	ऽधागे	तिरकिटतू	ऽनाऽ	कत्ऽता	ऽधागे	तिरकिटधी	ऽनाऽ
३		४		X		०	
धिंऽधिं	ऽधागे	तिरकिटतू	ऽनाऽ	कत्ऽता	ऽधागे	तिरकिटधी	ऽनाऽ
२		०		३		४	
धिंऽधिं	ऽधागे	तिरकिटतू	ऽनाऽ	कत्ऽता	ऽधागे	तिरकिटधी	ऽनाऽ

(ताल-झूमरा आड़ की लयकारी में)

X			२			
धिंऽधा	ऽतिरकिट	धिंऽधिं	ऽधागे	तिरकिटतिं	ऽताऽ	तिरकिटधिं
०			३			
ऽधिंऽ	धागेतिर	किटधिंऽ	धाऽतिर	किटधिंऽ	धिंऽधा	गे तिरकिट
X			२			
तिंऽता	ऽतिरकिट	धिंऽधिं	ऽधागे	तिरकिटधिं	ऽधाऽ	तिर किट धिं
०			३			
ऽधिंऽ	धागेतिर	किटतिंऽ	ताऽतिर	किटधिंऽ	धिंऽधा	गे तिरकिट

कुआड़ लिखना—इसमें ताल के अन्तर्गत आने वाले प्रत्येक एक मात्रा के अक्षर (बोल) के चार भाग करने के लिए तीन अवग्रह लगाया जाता है, किन्तु यदि एक मात्रा में दो अक्षर हों जैसे-(धागे)तो इसे चार बनाने के लिए 'धा' के आगे एक अवग्रह तथा 'गे' के आगे एक अवग्रह लगाया जायगा। और यदि एक मात्रा में चार अक्षर हों जैसै-(तिरकिट) तो इसमें कोई अवग्रह नहीं लगा कर सीधे लिखा जएगा क्योंकि रकि और ट स्वतः अवग्रह का कार्य पूरा करेगा। यथा—

(ताल एक ताल कुआड़ की लयकारी में)

X धिंऽऽऽधिं ऽऽऽधाऽ	० गेऽतिरकि टतूऽऽऽ	२ नाऽऽऽकत् ऽऽऽताऽ
० ऽऽधाऽगे ऽतिरकिट	३ धिंऽऽऽना ऽऽऽधिंऽ	४ ऽऽधिंऽऽ ऽधाऽगेऽ
X तिरकिटतू ऽऽऽनाऽ	० ऽऽकत्ऽऽ ऽताऽऽऽ	२ धाऽगेऽति रकिटधिंऽ
० ऽऽनाऽऽ ऽधिंऽऽऽ	३ धिंऽऽऽधा ऽगेऽतिर	४ किटतूऽऽ ऽनाऽऽऽ
X कत्ऽऽऽता ऽऽऽधाऽ	० गेऽतिरकि टधिंऽऽऽ	२ नाऽऽऽधिं ऽऽऽधिंऽ
० ऽऽधाऽगे ऽतिरिकिट	३ तूऽऽऽना ऽऽऽकत्ऽ	४ ऽऽताऽऽ ऽधाऽगेऽ
X तिरकिटधिं ऽऽऽनाऽ	० ऽऽधिंऽऽ ऽधिंऽऽऽ	२ धाऽगेऽति रकिटतूऽ
० ऽऽनाऽऽ ऽकत्ऽऽऽ	३ ताऽऽऽधा ऽगेऽतिर	४ किटधिंऽऽ ऽनाऽऽऽ

(ताल आड़ा चारताल कुआड़ की लयकारी में)

X धिंऽऽऽति रकिटधीऽ	२ ऽऽनाऽऽ ऽतूऽऽऽ
० नाऽऽऽकत् ऽऽऽताऽ	३ ऽऽतिरकि टधीऽऽऽ
० नाऽऽऽधी ऽऽऽधीऽ	४ ऽऽनाऽऽ ऽधिंऽऽऽ
० तिरकिटधी ऽऽऽनाऽ	X ऽऽतूऽऽ ऽनाऽऽऽ

२ कत्ऽऽऽता ऽऽऽतिर	० किटधीऽऽ ऽनाऽऽऽ
३ धीऽऽऽधी ऽऽऽनाऽ	० ऽऽधिंऽऽ ऽतिरकिट
४ धीऽऽऽना ऽऽऽतूऽ	० ऽऽनाऽऽ ऽकत्ऽऽऽ
X ताऽऽऽति रकिटधीऽ	२ ऽऽनाऽऽ ऽधीऽऽऽ
० धीऽऽऽना ऽऽऽधिंऽ	३ ऽऽतिरकि ट,धीऽऽऽ
० नाऽऽऽतू ऽऽऽनाऽ	४ ऽऽकत्ऽऽ ऽताऽऽऽ
० तिरकिटधी ऽऽऽनाऽ	X ऽऽधीऽऽ ऽधीऽऽऽ
२ नाऽऽऽधिं ऽऽऽतिर	० किटधीऽऽ ऽनाऽऽऽ
३ तूऽऽऽना ऽऽऽकत्ऽ	० ऽऽताऽऽ ऽतिरकिट
४ धीऽऽऽना ऽऽऽधीऽ	० ऽऽधीऽऽ ऽनाऽऽऽ

विआड़ लिखना—कुआड़ की ही भाँति इसमें भी एक मात्रा के अक्षर (बोल) को चार बनाने के लिए तीन अवग्रह लगाया जायगा और धागे व तिरकिट को उसी प्रकार लिखा जायगा। यथा—

(ताल-एकताल विआड़ की लयकारी में)

X धिंऽऽऽधिंऽऽ ऽधाऽगेऽतिर	० किटतूऽऽऽना ऽऽऽकत्ऽऽऽ
२ ताऽऽऽधाऽगे ऽतिरकिटधिंऽ	० ऽऽनाऽऽऽधिं ऽऽऽधिंऽऽऽ
३ धाऽगेऽतिरकि टतूऽऽऽनाऽ	४ ऽऽकत्ऽऽऽता ऽऽऽधाऽगे
X तिरकिटधिंऽऽ ऽनाऽऽऽधिंऽ	० ऽऽधिंऽऽऽधा ऽगेऽतिरकिट

२
तूऽऽऽनाऽऽ ऽकत्ऽऽऽताऽ
३
नाऽऽऽधिंऽऽ ऽधिंऽऽऽधाऽ
X
कत्ऽऽऽताऽऽ ऽधाऽगेऽतिर
२
धिंऽऽऽधाऽगे ऽतिरकिटतूऽ
३
धाऽगेऽतिरकि टधिंऽऽऽनाऽ
X
तिरकिटतूऽऽ ऽनाऽऽऽकत्ऽ
२
धिंऽऽऽनाऽऽ ऽधिंऽऽऽधिंऽ
३
नाऽऽऽकत्ऽऽ ऽताऽऽऽधाऽ

०
ऽऽधाऽगेऽति रकिटधिंऽऽऽ
४
गेऽतिरकिटतू ऽऽऽनाऽऽऽ
०
किटधिंऽऽऽना ऽऽऽधिंऽऽऽ
०
ऽऽनाऽऽऽकत् ऽऽऽताऽऽऽ
४
ऽऽधिंऽऽऽधिं ऽऽऽधाऽगेऽ
०
ऽऽताऽऽऽधा ऽगेऽतिरकिट
०
ऽऽधाऽगेऽति रकिटतूऽऽऽ
४
गेऽतिरकिटधिं ऽऽऽनाऽऽऽ

कायदा

ठाह (एकगुन) की लय में

धा धा ते टे	धा धा तिं ना
X	२
ता ता ते टे	धा धा धिं ना
०	३

दुगुन (दोगुनी) लय में

धाधा तेटे धाधा तिंना	ताता तेटे धाधा धिंना
X	२
धाधा तेटे धाधा तिंना	ताता तेटे धाधा धिंना
०	३

चौगुन (चौगुनी) लय में

धाधातेटे धाधातिंना तातातेटे धाधाधिंना |
X
धाधातेटे धाधातिंना तातातेटे धाधाधिंना |
२
धाधातेटे धाधातिंना तातातेटे धाधाधिंना |
०
धाधातेटे धाधातिंना तातातेटे धाधाधिंना |
३

प्रथम प्रस्तार

धाधातेटे धाधातेटे धाधातेटे धाधातिंना |
X
तातातेटे तातातेटे धाधातेटे धाधाधिंना |
२

धाधातेटे धाधातेटे धाधातेटे धाधातिंना |
०
तातातेटे तातातेटे धाधातेटे धाधाधिंना |
३

द्वितीय प्रस्तार

धाधातेटे तेटेतेटे धाधातेटे धाधातिंना	तातातेटे तेटेतेटे धाधातेटे धाधाधिंना
X	२
धाधातेटे तेटेतेटे धाधातेटे धाधातिंना	तातातेटे तेटेतेटे धाधातेटे धाधाधिंना
०	३

त्रितीय प्रस्तार

धाधातेटे तेटेधाधा तेटेतेटे धाधातिंना	तातातेटे तेटेधाधा तेटेतेटे धाधाधिंना
X	२
धाधातेटे तेटेधाधा तेटेतेटे धाधातिंना	तातातेटे तेटेधाधा तेटेतेटे धाधाधिंना
०	३

चतुर्थ प्रस्तार

धाधाधाधा तेटेतेटे धाधातेटे धाधातिंना	तातातातो तेटेतेटे धाधातेटे धाधाधिंना
X	२
धाधाधाधा तेटेतेटे धाधातेटे धाधातिंना	तातातातो तेटेतेटे धाधातेटे धाधाधिंना
०	३

पाँचवां प्रस्तार

धाधाधाधा तेटेधाधा धाधातेटे धाधातिंना	तातातातो तेटेधाधा धाधातेटे धाधाधिंना
X	२

धाधाधाधा तेटेधाधा धाधातेटे धाधातिंना	ताताताता तेटेधाधा धाधातेटे धाधाधिंना
०	३

छठवाँ प्रस्तार

धाधाधाधा तेटेतेटे धाधाधाधा तिंनातिंना	ताताताता तेटेतेटे धाधाधाधा धिंनाधिंना
X	२
धाधाधाधा तेटेतेटे धाधाधाधा तिंनातिंना	ताताताता तेटेतेटे धाधाधाधा धिंनाधिंना
०	३

तिहाई—आठ मात्रे की

प्रथम आठ मात्रा मुख्य कायदा बजाकर, नवीं मात्रे से तिहाई बजेगी, जैसे—

धाधातेटे धाधातिंना तातातेटे धाधाधिंना	धाधातेटे धाधातिंना तातातेटे धाधाधिंना
X	२
धाधातेटे धाधाधिंना धाऽऽऽ धाधातेटे	धाधाधिंना धाऽऽऽ धाधातेटे धाधाधिंना
०	३
धा	
X	

कायदा

नोट—यह कायदा एकगुन तथा दोगुन (दो लयों में) है। इसमें तेटे दोगुन लय में तथा बाकी सभी बोल ठाह (एकगुनी) लय में है।

(ठाह)

धा धा तेटे तेटे	धा धा तिं ना
X	२
ता ता तेटे तेटे	धा धा धिं ना
०	३

(दुगुन)

धाधा तेटे तेटे धाधा तिंना	ताता तेटे तेटे धाधा धिंना
X	२
धाधा तेटे तेटे धाधा तिंना	ताता तेटे तेटे धाधा धिंना
०	३

(चौगुन)

धाधा तेटे तेटे	धाधातिंना	तातातेटे तेटे	धाधाधिंना
X			
धाधा तेटे तेटे	धाधातिंना	तातातेटे तेटे	धाधाधिंना
२			
धाधा तेटे तेटे	धाधातिंना	तातातेटे तेटे	धाधाधिंना
०			
धाधा तेटे तेटे	धाधातिंना	तातातेटे तेटे	धाधाधिंना
२			

प्रथम प्रस्तार

धाधातेटे तेटे	धाधातेटे तेटे	धाधातेटे तेटे	धाधातिनां
X			
धाधातेटे तेटे	तातातेटे तेटे	धाधातेटे तेटे	धाधाधिंना
२			
धाधातेटे तेटे	धाधातेटे तेटे	धाधातेटे तेटे	धाधातिंना
०			
तातातेटे तेटे	तातातेटे तेटे	धाधातेटे तेटे	धाधाधिंना
३			

द्वितीय प्रस्तार

धाधातेटे तेटे	तेटे तेटे तेटे तेटे	धाधातेटे तेटे	धाधातिंना
X			
ताता तेटे तेटे	तेटे तेटे तेटे तेटे	धाधा तेटे तेटे	धाधाधिंना
२			
धाधातेटे तेटे	तेटे तेटे तेटे तेटे	धाधा तेटे तेटे	धाधातिंना
०			
ताता तेटे तेटे	तेटे तेटे तेटे तेटे	धाधा तेटे तेटे	धाधाधिंना
३			

त्रितीय प्रस्तार

धाधातेटे तेटे	धा तेटे तेटे तेटे	धाधातेटे तेटे	धाधातिंना
X			
ताता तेटे तेटे	ता तेटे तेटे तेटे	धाधा तेटे तेटे	धाधाधिंना
२			
धाधातेटे तेटे	तेटे तेटे तेटे तेटे	धाधातेटे तेटे	धाधातिंना
०			
ताता तेटे तेटे	ता तेटे तेट तेटे	धाधा तेटे तेटे	धाधाधिंना
३			

चतुर्थ प्रस्तार

धाधातेटे तेटे	धा तेटे तेटे धा	धाधातेटे तेटे	धाधातिंना
X			
ताता तेटे तेटे	ता तेटे तेटे धा	धाधा तेटे तेटे	धाधाधिंना
२			
धाधातेटे तेटे	धा तेटे तेटे धा	धाधातेटे तेटे	धाधातिंना
०			
ताता तेटे तेटे	ता तेटे तेटे धा	धाधा तेटे तेटे	धाधाधिंना
३			

पाचवाँ प्रस्तार

धा तेटे तेटे धा	धा तेटे तेटे धा	धाधा तेटे तेटे	धा धा तिंना
ता तेटे तेटे ता	ता तेटे तेटे धा	धा धा तेटे तेटे	धा धा धिंना
धा तेटे तेटे धा	धा तेटे तेटे धा	धाधा तेटे तेटे	धा धा तिंना
ता तेटे तेटे ता	ता तेटे तेटे धा	धा धा तेटे तेटे	धा धा धिंना

छठवाँ प्रस्तार

धा तेटे तेटे तेटे	धा तेटे तेटे तेटे	धा धा तेटे तेटे	धाधातिंना
X			
ता तेटे तेटे तेटे	ता तेटे तेटे तेटे	धाधा तेटे तेटे	धाधाधिंना
२			
धा तेटे तेटे तेटे	धा तेटे तेटे तेटे	धा धा तेटे तेटे	धाधातिंना
०			
ता तेटे तेटे तेटे	ता तेटे तेटे तेटे	धाधा तेटे तेटे	धाधाधिंना
३			

तिहाई नवीं मात्रे से

धाधातेटे तेटे धाधातिंना ताता तेटेतेटे धाधाधिंना
X
धाधातेटे तेटे धाधातिंना ताता तेटेतेटे धाधाधिंना
२
धाधातेटे तेटे धाधाधिंना धाऽऽऽ धाधातेटेतेटे
०
धाधाधिंना धाऽऽऽ धाधा तेटे तेटे धाधाधिंना
३
धा
X

कायदा

ठाह

धा धा तिर किट	धा धा तिं ना
X	२
ता ता तिर किट	धा धा धिं ना
०	३

(दुगुन)

धाधा तिरकिट धाधा तिंना	ताता तिर किट धाधा धिंना
X	२
धाधा तिरकिट धाधा तिंना	ताता तिर किट धाधा धिंना
०	३

(चौगुन)

धाधातिर किट	धाधातिंना	ताता तिर किट	धाधाधिंना
X			
धाधातिर किट	धाधातिंना	ताता तिर किट	धाधाधिंना
२			
धाधातिर किट	धाधातिंना	ताता तिर किट	धाधाधिंना
०			
धाधातिर किट	धाधातिंना	ताता तिर किट	धाधाधिंना
३			

प्रथम प्रस्तार

धाधा तिर किट	धाधा तिर किट	धाधा तिर किट	धाधातिंना
X			
ताता तिर किट	ताता तिर किट	धाधा तिर किट	धाधाधिंना
२			
धाधा तिर किट	धाधा तिर किट	धाधा तिर किट	धाधातिंना
X			
ताता तिर किट	ताता तिर किट	धाधा तिर किट	धाधाधिंना
२			

द्वितीय प्रस्तार

धाधाधाधा	तिर किट धाधा	धाधा तिर किट	धाधातिंना
X			

तातातात तिर किट धाधा धाधा तिर किट धाधाधिंना
२
धाधाधाधा तिर किट धाधा धाधा तिर किट धाधातिंना
०
तातातात तिर किट धाधा धाधा तिर किट धाधाधिंना
३

त्रितीय प्रस्तार

धाधा तिर किट धा तिर किट धा धाधा तिर किट धाधातिंना
X
ताता तिर किट ता तिर किट धा धाधा तिर किट धाधाधिंना
२
धाधा तिर किट धा तिर किट धा धाधा तिर किट धाधातिंना
०
ताता तिर किट ता तिर किट धा धाधा तिर किट धाधाधिंना
३

चतुर्थ प्रस्तार

धा तिर किट धा धा तिर किट धा धाधा तिर किट धाधातिंना
X
ता तिर किट ता ता तिर किट धा धाधा तिर किट धाधाधिंना
२
धा तिर किट धा धा तिर किट धा धाधा तिर किट धाधातिंना
०
ता तिर किट ता ता तिर किट धा धाधा तिर किट धाधाधिंना
३

पांचवाँ प्रस्तार

धाधाधा तिर किट धा तिर किट धाधा तिर किट धाधातिंना
X
तातात तिर किट ता तिर किट धाधा तिर किट धाधाधिंना
२
धाधाधा तिर किट धा तिर किट धाधा तिर किट धाधातिंना
०

तताता तिर किट ता तिर किट धाधा तिर किट धाधाधिंना
३

छठवाँ प्रस्तार

धा तिर किट धा तिर किट धा तिर किट धा तिर किट धाधातिंना
X
ता तिर किट ता तिर किट ता तिर किट धा तिर किट धाधाधिंना
२
धा तिर किट धा तिर किट धा तिर किट धा तिर किट धाधातिंना
०
ता तिर किट ता तिर किट ता तिर किट धा तिर किट धाधाधिंना
३

(तिहाई) नवीं मात्रे से

धाधा तिर किट धाधातिंना ताता तिर किट धाधाधिंना
X
धाधा तिर किट धाधातिंना ताता तिर किट धाधाधिंना
२
धाधातिर किट धाधाधिंना धाऽऽऽ धाधा तिर किट
०
धाधाधिंना धाऽऽऽ धाधा तिर किट धाधाधिंना
३
धा
X

कायदा

ठाह

धा गे ते टे	धा गे ते टे	धा गे ना गे	तू ना क त्त
X	२	०	३
ता के ते टे	ता के ते टे	धा गे ना गे	धिं ना क त्त
X	२	०	३

दुगुन

धागे तेटे धागे तेटे	धागे नागे तूना कत्त
X	२
ताके तेटे ताके तेटे	धागे नागे धिंना कत्त
०	३

चौगुन

धागेतेटे धागेतेटे धागेनागे तूनाकत्त	ताकेतेटे ताकेतेटे धागेनागे धिंनाकत्त
X	२
धागेतेटे धागेतेटे धागेनागे तूनाकत्त	ताकेतेटे ताकेतेटे धागेनागे धिंनाकत्त
०	३

प्रथम प्रस्तार

धागेतेटे तेटेतेटे धागेनागे धिंनाकत्त	धागेतेटे धागेतेटे धागेनागे तूनाकत्त
X	२
ताकेतेटे तेटेतेटे ताकेनाके तूनाकत्त	धागेतेटे धागेतेटे धागेनागे धिंनाकत्त
०	३

द्वितीय प्रस्तार

धागेधागे धागेतेटे धागेनागे धिंनाकत्त	धागेतेटे धागेतेटे धागेनागे तूनाकत्त
X	२
ताकेताके ताकेतेटे ताकेनाके तूनाकत्त	धागेतेटे धागेतेटे धागेनागे धिंनाकत्त
०	३

त्रितीय प्रस्तार

धागेगेगे धागेतेटे धागेनागे धिंनाकत्त	धागेतेटे धागेतेटे धागेनागे तूनाकत्त
X	२
ताकेकेके ताकेतेटे ताकेनाके तूनाकत्	धागेतेटे धागेतेटे धागेनागे धिंनाकत्त
०	३

पाँचवाँ प्रस्तार

धागेगेगे	गेगेतेटे	धागेनागे	धिंनाकत्त	|	धागेतेटे	धागेतेटे	धागेनागे	तूनाकत्त
X					२			
ताकेकेके	केकेतेटे	ताकेनाके	तूनाकत्त	|	धागेतेटे	धागेतेटे	धागेनागे	धिंनाकत्त
०					३			

छठवाँ प्रस्तार

धागेनागे	धिंनाकत्त	धागेनागे	धिंनाकत्त	|	धागेतेटे	धागेतेटे	धागेनागे	तूनाकत्त
X					२			
ताकेनाके	तूनाकत्त	ताकेनाके	तूनाकत्त	|	धागेतेटे	धागेतेटे	धागेनागे	धिंनाकत्त
०					३			

(तिहाई) सम से

धागेतेटे	धागेतेटे	धागेनागे	धिंनाकत्त	|	धाऽऽऽ	ऽऽऽऽ	धागेतेटे	धागेतेटे
X					२			
धागेनागे	धिंनाकत्त	धाऽऽऽ	ऽऽऽऽ	|	धागेतेटे	धागेतेटे	धागेनागे	धिंनाकत्त
०					३			
धा								
X								

चतुर्थ प्रस्तार

धागेगेधा	गेगेतेटे	धागेनागे	धिंनाकत्त	|	धागेतेटे	धागेतेटे	धागेनागे	तूनाकत्त
X					२			
ताकेकेता	केकेतेटे	ताकेनाके	तिंनाकत्त	|	धागेतेटे	धागेतेटे	धागेनागे	धिंनाकत्त
०					३			

कायदा

ठाह

धाऽ	तिर	किट	तक	|	धाऽ	तिर	किट	तक
X					२			
धाऽ	तिर	किट	तक	|	तूऽ	नाऽ	किट	तक
०					३			
ताऽ	तिर	किट	तक	|	ताऽ	तिर	किट	तक
X					२			
धाऽ	तिर	किट	तक	|	धिंऽ	नाऽ	किट	तक
०					३			

दुगुन

धाऽतिर	किटतक	धाऽतिर	किटतक
X			
धाऽतिर	किटतक	तूऽनाऽ	किटतक
२			
ताऽतिर	किटतक	ताऽतिर	किटतक
०			
धाऽतिर	किटतक	धिंऽनाऽ	किटतक
३			

चौगुन

धाऽतिरकिटतक	धाऽतिरकिटतक	धाऽतिरकिटतक	तूऽनाऽकिटतक
X			
ताऽतिरकिटतक	ताऽतिरकिटतक	धाऽतिरकिटतक	धिंऽनाऽकिटतक
२			
धाऽतिरकिटतक	धाऽतिरकिटतक	धाऽतिरकिटतक	तूऽनाऽकिटतक
०			
ताऽतिरकिटतक	ताऽतिरकिटतक	धाऽतिरकिटतक	धिंऽनाऽकिटतक
३			

प्रथम प्रस्तार

धाऽतिरकिटतक	धाऽधाऽतिरकिट	धाऽतिरकिटतक	धिंऽनाऽकिटतक
X			
धाऽतिरकिटतक	धाऽतिरकिटतक	धाऽतिरकिटतक	तूऽनाऽकिटतक
२			
ताऽतिरकिटतक	ताऽताऽतिरकिट	ताऽतिरकिटतक	तूऽना!ऽकिटतक
०			
धाऽतिरकिटतक	धाऽतिरकिटतक	धाऽतिरकिटतक	धिंऽनाऽकिटतक
३			

द्वितीय प्रस्तार

धाऽतिरकिटतक	धाऽऽऽकिटतक	धाऽतिरकिटतक	धिंऽनाऽकिटतक
X			
धाऽतिरकिटतक	धाऽतिरकिटतक	धाऽतिरकिटतक	तूऽनाऽकिटतक
२			
ताऽतिरकिटतक	ताऽऽऽकिटतक	ताऽतिरकिटतक	तूऽनाऽकिटतक
०			
धाऽतिरकिटतक	धाऽतिरकिटतक	धाऽतिरकिटतक	धिंऽनाऽकिटतक
३			

त्रितीय प्रस्तार

धाऽतिरकिट,धाऽ	तिरकिट,धाऽधाऽ	धाऽतिरकिटतक	धिंऽनाऽकिटतक
X			
धाऽतिरकिटतक	धाऽतिरकिटतक	धाऽतिरकिटतक	तूऽनाऽकिटतक
२			
ताऽतिरकिटताऽ	तिरकिट,ताऽताऽ	ताऽतिरकिटतक	तूऽनाऽकिटतक
०			
धाऽतिरकिटतक	धाऽतिरकिटतक	धाऽतिरकिटतक	धिंऽनाऽकिटतक
३			

चतुर्थ प्रस्तार

धाऽतिरकिट,धाऽ	तिरकिट,धाऽतिर	किटधाऽतिरकिट	धिंऽनाऽकिटतक
X			
धाऽतिरकिटतक	धाऽतिरकिटतक	धाऽतिरकिटतक	तूऽनाऽकिटतक
२			

ताऽतिरकिटताऽ तिरकिट,ताऽतिर किट,ताऽतिरकिट ताऽताऽतिरकिट
०
धाऽतिरकिटतक धाऽतिरकिटतक धाऽतिरकिटतक धिंऽनाऽकिटतक
३

पंचम प्रस्तार

धाऽतिरकिटतक तिरकिटधाऽऽऽ धाऽतिरकिटतक धिंऽनाऽकिटतक
X
धाऽतिरकिटतक धाऽतिरकिटतक धाऽतिरकिटतक तूऽनाऽकिटतक
२
ताऽतिरकिटतक तिरकिटताऽऽऽ ताऽतिरकिटतक तूऽनाऽकिटतक
०
धाऽतिरकिटतक धाऽतिरकिटतक धाऽतिरकितक धिंऽनाऽकिटतक
३

छंठवां प्रस्तार

धाऽतिरकिटतक तिरकिटधाऽऽऽ तिरकिटधाऽऽऽ तिरकिटधाऽऽऽ
X
धाऽतिरकिटतक धाऽतिरकिटतक धाऽतिरकिटतक तूऽनाऽकिटतक
२
ताऽतिरकिटतक तिरकिटताऽऽऽ तिरकिटताऽऽऽ तिरकिटताऽऽऽ
०
धाऽतिरकिटतक धाऽतिरकिटतक धाऽतिरकिटतक धिंऽनाऽकिटतक
३

(तिहाई) नवीं मात्रे से

धाऽतिरकिटतक धाऽतिरकिटतक धाऽतिरकिटतक तूऽनाऽकिटतक
X
ताऽतिरकिटतक ताऽतिरकिटतक धा ऽतिरकिटतक धिंऽनाऽकिटतक
२
धाऽतिरकिटतक धिंऽनाऽकिटतक धाऽऽऽऽऽऽऽ धाऽतिरकिटतक
०
धिंऽनाऽकिटतक धाऽऽऽऽऽऽऽ धाऽतिरकिटतक धिंऽनाऽकिटतक
३

केवल तिहाई को निम्न प्रकार से भी लिखा जायगा–

०				
धाऽतिरकिटतक	धिंना किट्ट तक	धा	धाऽतिरकिटतक	
९	१०	११	१२	
३				X
धिंना किट्ट तक	धा	धाऽतिरकिटतक	धिंना किट्ट तक	धा
१३	१४	१५	१६	१

कायदा

ठाह

धाऽ तिर किट तक X	तक तिर किट तक २
धाऽ तिर किट तक ०	तूऽ नाऽ किट तक ३
ताऽ तिर किट तक X	तक तिर किट तक २
धाऽ तिर किट तक ०	धिंऽ नाऽ किट तक ३

दुगुन

धाऽतिर किटतक तकतिर किटतक X	धाऽतिर किटतक तूऽनाऽ किटतक २
ताऽतिर किटतक तकतिर किटतक ०	धाऽतिर किटतक धिंऽनाऽ किटतक ३

चौगुन

धाऽतिरकिटतक तकतिरकिटतक X	धाऽतिरकिटतक तूऽनाऽकिटतक
ताऽतिरकिटतक तकतिरकिटतक २	धाऽतिर किटतक धिंऽनकिटतक
धाऽतिरकिटतक तकतिरकिटतक ०	धाऽतिरकिटतक तूऽनाऽकिटतक
ताऽतिरकिटतक तकतिरकिटतक ३	धाऽतिर किटतक धिंऽनकिटतक

प्रथम प्रस्तार

धाऽतिरकिटतक तकतिरकिट,तक धाऽतिरकिटतक तकतिरकिटतक
X
धाऽतिरकिटतक तकतिरकिट,तक धाऽतिरकिटतक तूऽनाऽकिटतक
२
ताऽतिरकिटतक तकतिरकिट,तक ताऽतिरकिटतक तकतिरकिटतक
०
धाऽतिरकिटतक तकतिरकिट,तक धाऽतिरकिटतक धिंऽनाऽकिटतक
३

द्वितीय प्रस्तार

धाऽतिरकिटतक	तकतिरकिटतक	तकतिरकिटतक	तकतिरकिटतक
X			
धाऽतिरकिटतक	तकतिरकिटतक	धाऽतिरकिटतक	तूऽनाऽकिटतक
२			
ताऽतिरकिटतक	तकतिरकिटतक	तकतिरकिटतक	तकतिरकिटतक
०			
धाऽतिरकिटतक	तकतिरकिटतक	धाऽतिरकिटतक	धिंऽनाऽकिटतक
३			

त्रितीय प्रस्तार

धाऽतिरकिटतक	तकतिरकिट तक	तकतकतकतक	तकतिरकिटतक
X			
धाऽतिरकिटतक	तकतिरकिट तक	धाऽतिरकिटतक	तूऽनाऽकिटतक
२			
ताऽतिरकिटतक	तकतिरकिट तक	तकतकतकतक	तकतिरकिटतक
०			
धाऽतिरकिटतक	तकतिरकिट तक	धाऽतिरकिटतक	धिंऽनाऽकिटतक
३			

चतुर्थ प्रस्तार

तकतकतकतक	तकतिरकिटतक	तकतिरकिटतक	तकतिरकिटतक
X			
धाऽतिरकिटतक	तकतिरकिटतक	धाऽतिरकिटतक	तूऽनाऽकिटतक
२			
तकतकतकतक	तकतिरकिटतक	तकतिरकिटतक	तकतिरकिटतक
०			
धाऽतिरकिटतक	तकतिरकिटतक	धाऽतिरकिटतक	धिंऽनाऽकिटतक
३			

पांचवां प्रस्तार

तक तक तक तिर	किटतक तकतक	तकतिरकिटतक	तकतिरकिटतक
X			
धाऽतिरकिटतक	तकतिरकिटतक	धाऽतिरकिटतक	तूऽनाऽकिटतक
२			

तकतकतकतिर किटतक तकतक तकतिरकिटतक तकतिरकिटतक
०
धाऽतिरकिटतक तकतिरकिटतक धाऽतिरकिटतक धींऽनाऽकिटतक
३

छंठवां प्रस्तार

तक तक तक तक तक तक तक तक तकतिरकिटतक तकतिरकिटतक
X
धाऽतिरकिटतक धाऽऽऽकिटतक धाऽतिरकिटतक तूऽनाऽकिटतक
२
तकतकतकतक तक तक तक तक तकतिरकिटतक तकतिरकिटतक
०
धाऽतिरकिटतक तकतिरकिटतक धाऽतिरकिटतक धींऽनाऽकिटतक
३

(तिहाई) सम से

धाऽतिरकिटतक तकतिरकिटतक धाऽतिरकिटतक धिंऽनाऽकिटतक
X
धाऽऽऽऽऽऽऽ ऽऽऽऽऽऽऽऽ धाऽतिरकिटतक तकतिरकिटतक
२
धाऽतिरकिटतक धिंऽनाऽकिटतक धाऽऽऽऽऽऽऽ ऽऽऽऽऽऽऽऽ
०
धाऽतिरकिटतक तकतिरकिटतक धाऽतिरकिटतक धिंऽनाऽकिटतक
३
धा
X

उपर्युक्त तिहाई 'धा' के बाद दिये गये अवग्रह तथा एक मात्रा दम में दिए गए अवग्रह को न लिखकर निम्न प्रकार भी लिख सकते हैं—
जैसे–'धा' (पूरी मात्रा) 'ऽ' (पूरी मात्रा के लिए एक ही अवग्रह होगा)।

कायदा

ठाह

घे ड़ न ग	ते टे ते टे	घे ड़ न ग	तू ऽ ना ऽ
X	२	०	३
ते टे घे ड़	न ग ते टे	घे ड़ न ग	तू ऽ ना ऽ
X	२	०	३
के ड़ न क	ते टे ते टे	के ड़ न क	तू ऽ ना ऽ
X	२	०	३
ते टे घे ड़	न ग ते टे	घे ड़ न ग	धिं ऽ ना ऽ
X	२	०	३

दुगुन

घेड़ नग तेटे तेटे	घेड़ नग तूऽ नाऽ	तेटे धेड़ नग तेटे	घेड़ नग तूऽ नाऽ
X	२	०	३
केड़ नक तेटे तेटे	केड़ नक तूऽ नाऽ	तेटे घेड़ नग तेटे	घेड़ नग धिंऽ नाऽ
X	२	०	३

चौगुन

घेड़नग तेटेतेटे घेड़नग तूऽनाऽ	तेटेधेड़ नगतेटे घेड़नग तूऽनाऽ
X	२
केड़नक तेटेतेटे केड़नक तूऽनाऽ	तेटेघेड़ नगतेटे घेड़नग धिंऽनाऽ
०	३

अठगुन

घेड़नगतेटेतेटे घेड़नगतूऽनाऽ तेटेधेड़नगतेटे घेड़नगतूऽनाऽ
X
केड़नकतेटेतेटे केड़नकतूऽनाऽ तेटेघेड़नगतेटे घेड़नगधिंऽनाऽ
२
घेड़नगतेटेतेटे घेड़नगतूऽनाऽ तेटेधेड़नगतेटे घेड़नगतूऽनाऽ
०
केड़नकतेटेतेटे केड़नकतूऽनाऽ तेटेघेड़नगतेटे घेड़नगधिंऽनाऽ
३

प्रस्तार—१

घेड़नगतेटेतेटे	घेड़नगतूऽनाऽ	घेड़नगतेटेतेटे	घेड़नगतूऽनाऽ
X			
घेड़नगतेटेतेटे	घेड़नगतूऽनाऽ	तेटेघेड़नगतेटे	घेड़नगतूऽनाऽ
२			
केड़नगतेटेतेटे	केड़नगतूऽनाऽ	केड़नगतेटेतेटे	केड़नगतूऽनाऽ
०			
घेड़नगतेटेतेटे	घेड़नगतूऽनाऽ	तेटेघेड़नगतेटे	घेड़नगधिंऽनाऽ
३			

प्रस्तार—२

घेड़नगतेटेतेटे	घेड़नगतेटेतेटे	घेड़नगतेटेतेटे	घेड़नगतूऽनाऽ
X			
घेड़नगतेटेतेटे	घेड़नगतूऽनाऽ	तेटेघेड़नगतेटे	घेड़नगतूऽनाऽ
२			
केड़नगतेटेतेटे	केड़नगतेटेतेटे	केड़नगतेटेतेटे	केड़नगतूऽनाऽ
०			
घेड़नगतेटेतेटे	घेड़नगतूऽनाऽ	तेटेघेड़नगतेटे	घेड़नगधिंऽनाऽ
३			

प्रस्तार—३

घेड़नगतेटेघेड़	नगतेटे,घेड़नग	तेटेघेड़नगतेटे	घेड़नगतूऽनाऽ
X			
घेड़नगतेटेतेटे	घेड़नगतूऽनाऽ	तेटेघेड़नगतेटे	घेड़नगतूऽनाऽ
२			
केड़नगतेटेकेड़	नकतेटे,केड़नग	तेटेकेड़नगतेटे	केड़नगतूऽनाऽ
०			
घेड़नगतेटेतेटे	घेड़नगतूऽनाऽ	तेटेघेड़नगतेटे	घेड़नगधिंऽनाऽ
३			

प्रस्तार—४

तेटेतेटेघेड़नग	तेटेतेटेघेड़नग	तेटेघेड़नगतेटे	घेड़नगतूऽनाऽ
X			
घेड़नगतेटेतेटे	घेड़नगतूऽनाऽ	तेटेघेड़नगतेटे	घेड़नगतूऽनाऽ
२			

तेटेतेटेकेड़नक	तेटेतेटेकेड़नक	तेटेकेड़नकतेटे	केड़नकतूऽनाऽ
०			
घेड़नगतेटेतेटे	घेड़नगतूऽनाऽ	तेटेघेड़नगतेटे	घेड़नगधिंऽनाऽ
३			

प्रस्तार—५

तेटघेड़नगतेटे	घेड़नगतूऽनाऽ	तेटेघेड़नगतेटे	घेड़नगतूऽनाऽ
X			
घेड़नगतेटेतेटे	घेड़नगतूऽनाऽ	तेटेघेड़नगतेटे	घेड़नगतूऽनाऽ
२			
तेटेकेड़नगतेटे	केड़नगतूऽनाऽ	तेटेकेड़नगतेटे	केड़नकतूऽनाऽ
०			
घेड़नगतेटेतेटे	घेड़नगतूऽनाऽ	तेटेघेड़नगतेटे	घेड़नगधिंऽनाऽ
३			

प्रस्तार—६

तेटघेड़नगतेटे	तेटेघेड़नगतेटे	तेटेघेड़नगतेटे	घेड़नगतूऽनाऽ
X			
घेड़नगतेटेतेटे	घेड़नगतूऽनाऽ	तेटेघेड़नगतेटे	घेड़नगतूऽनाऽ
२			
तेटेकेड़नगतेटे	तेटेकेड़नगतेटे	तेटेकेड़नगतेटे	केड़नकतूऽनाऽ
०			
घेड़नगतेटेतेटे	घेड़नगतूऽनाऽ	तेटेघेड़नगतेटे	घेड़नगधिंऽनाऽ
३			

प्रस्तार—७

तेटेघेड़नगतेटे	तेटेतेटेघेड़नग	तेटेघेड़नगतेटे	घेड़नगतूऽनाऽ
X			
घेड़नगतेटेतेटे	घेड़नगतूऽनाऽ	तेटेघेड़नगतेटे	घेड़नगतूऽनाऽ
२			
तेटेकेड़नकतेटे	तेटेतेटेकेड़नक	तेटेकेड़नगतेटे	केड़नकतूऽनाऽ
०			
घेड़नगतेटेतेटे	घेड़नगतूऽनाऽ	तेटेघेड़नगतेटे	घेड़नगधिंऽनाऽ
३			

प्रस्तार–८

तेटघेड़नगघेड़	नगतेटेघेड़नग	तेटेघेड़नगतेटे	घेड़नगतूऽनाऽ
X			
घेड़नगतेटेतेटे	घेड़नगतूऽनाऽ	तेटेघेड़नगतेटे	घेड़नगतूऽनाऽ
२			
तेटेकेड़नगकेड़	नकतेटेकेड़नग	तेटेकेड़नगतेटे	केड़नकतूऽनाऽ
०			
घेड़नगतेटेतेटे	घेड़नगतूऽनाऽ	तेटेघेड़नगतेटे	घेड़नगधिंऽनाऽ
३			

तिहाई

घेड़नगतेटतेटे	घेड़नगतूऽनाऽ	तेटेघेड़नगतेटे	घेड़नगधिंऽनाऽ
X			
धा	ऽ	घेड़नगतेटेतेटे	घेड़नगतूऽनाऽ
२			
तेटेघेड़नगतेटे	घेड़नगधिंऽनाऽ	धा	ऽ
०			
घेड़नगतेटेतेटे	घेड़नगतूऽनाऽ	तेटेघेड़नगतेटे	घेड़नगधिंऽनाऽ
३			
धा			
X			

कायदा

ठाह

धा ऽ ते टे	धा धा ते टे	धा गे दिं ऽ	ना ना ते टे
X	२	०	३
धा ते टे धा	ते टे धा धा	तू ना किट तक	ता तिर किट तक
X	२	०	३
ता ऽ ते टे	ता ता ते टे	ता के तिं ऽ	ना ना ते टे
X	२	०	३
धा ते टे धा	ते टे धा धा	धिं ना किट तक	धा तिर किट तक
X	२	०	३

दुगुन

धाऽ तेटे धाधा तेटे	धागे दिंऽ नाना तेटे
X	२
धाते टेधा तेटे धाधा	तूना किटतक ताऽतिर किटतक
०	३
ताऽ तेटे ताता तेटे	ताके तिंऽ नाना तेटे
X	२
धाते टेधा तेटे धाधा	धिंना किटतक धातिर किटतक
०	३

चौगुन

धाऽतेटे धाधातेटे	धागेदिंऽ नानातेटे
X	
धातेटेधा तेटेधाधा	तूना किट तक ताऽ तिर किट तक
२	
ताऽतेटे तातातेटे	ताकेतिंऽ नानातेटे
०	
धातेटेधा तेटेधाधा	धिंना किट तक धाऽ तिर किट तक
३	

अठगुन

धाऽतेटेधाधातेटे धागेदिंऽनानातेटे धातेटेधातेटेधाधा तूना किट तक ताऽ तिर किट तक
X

ताऽतेटेतातातेटे ताकेतिंऽनानातेटे धातेटेधातेटेधाधा धिंना किट तक धाऽ तिर किट तक
२

धाऽतेटेधाधातेटे धागेदिंऽनानातेटे धातेटेधातेटेधाधा तूना किट तक ताऽ तिर किट तक
०
ताऽतेटेतातातेटे ताकेतिंऽनानातेटे धातेटेधातेटेधाधा धिंना किट तक धाऽ तिर किट तक
३

प्रस्तार—१

धाऽतेटेधाधातेटे धागेदिंऽनानातेटे धाऽतेटेधाधातेटे धागेदिंऽनानातेटे
X
धाऽतेटेधाधातेटे धागेदिंऽनानातेटे धातेटेधातेटेधाधा तूनाकिटतकताऽतरकिटतक
२
ताऽतेटेतातातेट ताकेतिंऽनानातेटे ताऽतेटेतातातेटे ताकेतिंऽनानातेटे
०
धाऽतेटेधाधातेटे धागेदिंऽनानातेटे धातेटेधातेटेधाधा धिंना किट तक धाऽ तिरकिटतक
३

प्रस्तार—२

धाऽतेटेधाधातेटे धागेदिंऽनानातेटे धागेदिंऽनानातेटे धागेदिंऽनानातेटे
X
धाऽतेटेधाधातेटे धागेदिंऽनानातेटे धातेटेधातेटेधाधा तूनाकिटतकताऽतरकिटतक
२
ताऽतेटेतातातेट ताकेतिंऽनानातेटे ताकेतिंऽनानातेटे ताकेतिंऽनानातेटे
०
धाऽतेटेधाधातेटे धागेदिंऽनानातेटे धातेटेधातेटेधाधा धिंनाकिटतकधाऽतिरकिटतक
३

प्रस्तार—३

धाऽतेटेधाधातेटे धागेतेटेधाधातेटे धाऽतेटेधाधातेटे धागेदिंऽनानातेटे
X
धाऽतेटेधाधातेटे धागेदिंऽनानातेटे धातेटेधातेटेधाधा तूनाकिटतकताऽतरकिटतक
२
ताऽतेटेतातातेट ताऽतेटेतातातेटे ताऽतेटेतातातेटे ताकेतिंऽनानातेटे
०
धाऽतेटेधाधातेटे धागेदिंऽनानातेटे धातेटेतेटेधाधा धिंनाकिटतकधाऽतिरकिटतक
३

प्रस्तार—४

धातेटेधातेटेधाधा	तूनाकिटतकताऽतिरकिटतक	तातेटेतातेटेधाधा	धिंनाकिटतकधाऽतिरकिटतक
X			
धातेटेधातेटेधाधा	तूनाकिटतकताऽतिरकिटतक	तातेटेतातेटेधाधा	धिंनाकिटतकधाऽतिरकिटतक
२			
धातेटेधातेटेधाधा	तूनाकिटतकताऽतिरकिटतक	तातेटेतातेटेधाधा	धिंनाकिटतकधाऽतिरकिटतक
०			
धातेटेधातेटेधाधा	तूनाकिटतकताऽतिरकिटतक	तातेटेतातेटेधाधा	धिंनाकिटतकधाऽतिरकिटतक
३			

प्रस्तार—५

धातेटेधातेटेधाधा	धातेटेधातेटेधाधा	धातेटेधातेटेधाधा	तूनाकिटतकताऽतिरकिटतक
X			
तातेटेतातेटेताता	तातेटेतातेटेताता	धातेटेधातेटेधाधा	धिंनाकिटतकधाऽतिरकिटतक
२			
धातेटेधातेटेधाधा	धातेटेधातेटेधाधा	धातेटेधातेटेधाधा	तूनाकिटतकताऽतिरकिटतक
०			
तातेटेतातेटेताता	तातेटेतातेटेताता	धातेटेधातटेधाधा	धिंनाकिटतकधाऽतिरकिटतक
३			

प्रस्तार—६

धातेटेधातेटेधाधा	तेटेधाधातेटेधाधा	धातेटेधातेटेधाधा	तूनाकिटतकताऽतिरकिटतक
X			
तातेटेतातेटेताता	तेटेतातातेटेताता	धातेटेधातेटेधाधा	धिंनाकिटतकधाऽतिरकिटतक
२			
धातेटेधातेटेधाधा	तेटेधाधातेटेधाधा	धातेटेधातेटेधाधा	तूनाकिटतकताऽतिरकिटतक
०			
तातेटेतातेटेताता	तेटेतातातेटेताता	धातेटेधातेधाधा	धिंनाकिटतकधाऽतिरकिटतक
३			

प्रस्तार—७

धातेटेधाधातेटेधा धातेटेधातेटेधाधा धातेटेधातेटेधाधा तूनाकिटतकताऽतिरकिटतक
X
तातेटेताताातेटेता ता:तेटेतातेटेताता धातेटेधातेटेधाधा धिंनाकिटतकधाऽतिरकिटतक
२
धातेटेधाधातेटेधा धातेटेधातेटेधाधा धातेटेधातेटेधाधा तूनाकिटतकताऽतिरकिटतक
०
तातेटेताताातेटेता तातेटेतातेटेताता धातेटेधातेटेधाधा धिंनाकिटतकधाऽतिरकिटतक
३

प्रस्तार—८

धातेटेधातेटेधाधा, तूनाकिटतकताऽतिरकिटतक तूनाकिटतकताऽतिरकिटतक
X
तूनाकिटतकताऽतिरकिटतक
तातेटेतातेटेधाधा धिंनाकिटतकधाऽतिरकिटतक धिंनाकिटतकधाऽतिरकिटतक
२
धिंनाकिटतकधाऽतिरकिटतक
धातेटेधातेटेधाधा, तूनाकिटतकताऽतिरकिटतक तूनाकिटतकताऽतिरकिटतक
०
तूनाकिटतकताऽतिरकिटतक
तातेटेतातेटेधाधा धिंनाकिटतकधाऽतिरकिटतक धिंनाकिटतकधाऽतिरकिटतक
३
धिंनाकिटतकधाऽतिरकिटतक

तिहाई (चक्रदार)

धातेटेधातेटेधाधा धिंनाकिटतकधाऽतिरकिटतक धाऽऽऽधिंनाकिटतक धाऽतिरकिटतकधाऽऽऽ
X
धिंनाकिटतकधाऽतिरकिटतक धाऽऽऽ,धातेटेधा तेटेधाधाधिंनाकिटतक धाऽतिरकिटतकधाऽऽऽ
२

धिंनाकिटतकधाऽतिरकिटतक धाऽऽऽधिंनाकिटतक धाऽतिरकिटतकधाऽऽऽ धातेटेधातेटेधाधा

०

धिंनाकिटतकधाऽतिरकिटतक धाऽऽऽधिंनाकिटतक धाऽतिरकिटतकधाऽऽऽ धिंनाकिटतकधाऽतिरकिटतक

३

धा

X

कायदा

ठाह

धा गे तिर किट	धी ना गी ना	धा गे ना गे	ती ना की ना
X	२	०	३
ता के तिर किट	ती ना की ना	धा गे ना गे	धी ना गी ना
X	२	०	३

दुगुन

धागे तिरकिट धीना गीना	धागे नागे तीना कीना
X	२
ताके तिरकिट तीना कीना	धागे नागे धीना गीना
०	३

चौगुन

धागे तिर किट धीनागीना धागेनागे तीनाकीना
X
ताके तिर किट तीनाकीना धागेनागे धीनागीना
२
धागे तिर किट धीनागीना धागेनागे तीनाकीना
०
ताके तिर किट तीनाकीना धागेनागे धीनागीना
३

अठगुन

धागेतिरकिटधीनागीना धागेनागेतीनाकीना ताकेतिरकिटतीनाकीना धागेनागेधीनागीना
X
धागेतिरकिटधीनागीना धागेनागेतीनाकीना ताकेतिरकिटतीनाकीना धागेनागेधीनागीना
२
धागेतिरकिटधीनागीना धागेनागेतीनाकीना ताकेतिरकिटतीनाकीना धागेनागेधीनागीना
०
धागेतिरकिटधीनागीना धागेनागेतीनाकीना ताकेतिरकिटतीनाकीना धागेनागेधीनागीना
३

प्रस्तार–१

धागेतिरकिटधीनागीना धागेतिरकिटधीनागीना धागेतिरकिटधीनागीना धागेनागेतनाकीना
X
ताकेतिरकिटतीनाकीना ताकेतिरकिटतीनाकीना धागेतिरकिटधीनागीना धागेनागेधीनागीना
२
धागेतिरकिटधीनागीना धागेतिरकिटधीनागीना धागेतिरकिटधीनागीना धागेनागेतनाकीना
०
ताकेतिरकिटतीनाकीना ताकेतिरकिटतीनाकीना धागेतिरकिटधीनागीना धागेनागेधीनागीना
३

प्रस्तार–२

धागेतिरकिटधीनागीना धाऽऽऽधीनागीना धागेतिरकिटधीनागीना धागेनागेतीनाकीना
X
ताकेतिरकिटतीनाकीना ताऽऽऽतीनाकीना धागेतिरकिटधीनागीना धागेधीनागीना
२
धागेतिरकिटधीनागीना धाऽऽऽधीनागीना धागे तिरकिटधीनागीना धागेनागेतीनाकीना
०
ताकेतिरकिटतीनाकीना ताऽऽऽतीनाकीना धागेतिरकिटधीनागीना धागेधीनागीना
३

प्रस्तार–३

धागेतिरकिटधीनागीना धाऽऽऽधीनागीना धागेतिरकिटधीनागीना धाऽऽऽधीनागीना
X
धागेतिरकिटधीनागीना धाऽऽऽधीनागीना धागेतिरकिटधीनागीना धागेनागेतीनाकीना
२
ताकेतिरकिटतीनाकीना ताऽऽऽतीनाकीना ताकेतिरकिटतीनाकीना ताऽऽऽतीनाकीना
०
धागे तिरकिटधीनागीना धाऽऽऽधीनागीना धागेतिरकिटधीनागीना धागेनागेधीनागीना
३

प्रस्तार–४

धागेतिरकिटधीनागीना धाऽऽऽधीनागीना धाऽऽऽधीनागीना धाऽऽऽधीनागीना
X
धागेतिरकिटधीनागीना धाऽऽऽधीनागीना धागेतिरकिटधीनागीना धागेनागेतीनाकीना
२

ताकेतिरकिटतीनाकीना धाऽऽऽतीनाकीना ताऽऽऽतीनाकीना ताऽऽऽतीनाकीना
०
धागेतिरकिटधीनागीना धाऽऽऽधीनागीना धागेतिरकिटधीनागीना धागेनागेधीनागीना
३

प्रस्तार—५

धागेतिरकिटधागेतिरकिट धागेतिरकिटधीनागीना धागेतिरकिटधीनागीना धागेनागेतीनाकीना
X
ताकेतिरकिटताकेतिरकिट ताकेतिरकिटतीनाकीना धागेतिरकिटधीनागीना धागेनागेधीनागीना
२
धागेतिरकिटधागेतिरकिट धागेतिरकिटधीनागीना धागेतिरकिटधीनागीना धागेनागेतीनाकीना
०
ताकेतिरकिटताकेतिरकिट ताकेतिरकिटतीनाकीना धागेतिरकिटधीनागीना धागेनागेधीनागीना
३

प्रस्तार—६

धागेतिरकिटधागेतिरकिट धीनागीनाधागेतिरकिट धागेतिरकिटधीनागीना धागेनागेतीनाकीना
X
ताकेतिरकिटताकेतिरकिट तीनाकीना धागेतिरकिट धागेतिरकिटधीनागीना धागेनागेधीनागीना
२
धागेतिरकिटधागेतिरकिट धीनागीनाधागेतिरकिट धागेतिरकिटधीनागीना धागेनागेतीनाकीना
०
ताकेतिरकिटताकेतिरकिट तीनाकीना धागेतिरकिट धागेतिरकिटधीनागीना धागेनागेधीनागीना
३

प्रस्तार—७

धाऽऽऽधीनागीना धागेनागेधीनागीना धागेतिरकिटधीनागीना धागेनागेतीनाकीना
X
ताऽऽऽतीनाकीना ताकेनाकेतीनाकीना धागेतिरकिटधीनागीना धागेनागेधीनागीना
२
धाऽऽऽधीनागीना धागेनागेधीनागीना धागेतिरकिटधीनागीना धागेनागेतीनाकीना
०
ताऽऽऽतीनाकीना ताकेनाकेतीनाकीना धागेतिरकिटधीनागीना धागेनागेधीनागीना
३

प्रस्तार—८

धागेतिरकिटधीनागीना तिरकिटधागेतिरकिटधीना गीनातिरकिटधागेतिरकिट धागेनागेतीनाकीना
X
ताकेतिरकिटतीनाकीना तिरकिटताकेतिरकिटधीना गीनातिरकिटधागेतिरकिट धागेनागेधीनागीना
२
धागेतिरकिटधीनागीना तिरकिटधागेतिरकिटधीना गीनातिरकिटधागेतिरकिट धागेनागेतीनाकीना
०
ताकेतिरकिटतीनाकीना तिरकिटताकेतिरकिटधीना गीनातिरकिटधागेतिरकिट धागेनागेधीनागीना
३

तिहाई चक्रदार

धागेतिरकिटधीनागीना धागेनागेधीनागीना धाऽऽऽधागेनागे धीनागीनाधाऽऽऽ
X
धागेनागेधीनागीना धाऽऽऽधागेतिरकिट धीनागीनाधागेनागे धीनागीनाधाऽऽऽ
२
धागेनागेधीनागीना धाऽऽऽधागेनागे धीनागीनाधाऽऽऽ धागेतिरकिटधीनागीना
०
धागेनागेधीनागीना धाऽऽऽधागेनागे धीनागीनाधाऽऽऽ धागेनागेधीनागीना
३
धा
X

कायदा

ठाह

धा ऽ ति र	कि ट त क	त क ति र	कि ट त क
X	२	०	३
धे र धे र	कि ट त क	तू ऽ ना ऽ	कि ट त क
X	२	०	३
ता ऽ ति र	कि ट त क	त क ति र	कि ट त क
X	२	०	३
धे र धे र	कि ट त क	धिं ऽ ना ऽ	कि ट त क
X	२	०	३

दुगुन

धाऽ तिर किट तक	तक तिर किट तक	धेर धेर किट तक	तूऽ नाऽ किट तक
X	२	०	३
ताऽ तिर किट तक	तक तिर किट तक	धेर धेर किट तक	धिंऽ नाऽ किट तक
X	२	०	३

चौगुन

धाऽतिर किटतक तकतिर किटतक	धेरधेर किटतक तूऽनाऽ किटतक
X	२
ताऽतिर किटतक तकतिर किटतक	धेरधेर किटतक धिंऽनाऽ किटतक
०	३

अठगुन

धाऽतिरकिटतक तकतिरकिटतक धेरधेरकिटतक तूऽनाऽकिटतक
X

ताऽतिरकिटतक तकतिरकिटतक धेरधेरकिटतक धिंऽनाऽकिटतक
२

धाऽतिरकिटतक तकतिरकिटतक धेरधेरकिटतक तूऽनाऽकिटतक
०

ताऽतिरकिटतक तकतिरकिटतक धेरधेरकिटतक धिंऽनाऽकिटतक
३

प्रस्तार-१

धाऽतिरकिटतक	तकतिर किटतक	धाऽतिरकिटतक	तकतिरकिटतक
X			
धाऽतिरकिटतक	तकतिरकिटतक	धेरधेरकिटतक	तूऽनाऽकिटतक
२			
ताऽतिरकिटतक	तकतिरकिटतक	ताऽतिरकिटतक	तकतिरकिटतक
०			
धाऽतिरकिटतक	तकतिरकिटतक	धेरधेरकिटतक	धिंऽनाऽकिटतक
३			

प्रस्तार-२

धाऽतिरकिटतक	तकतिर किटतक	धेरधेरकिटतक	धाऽतिरकिटतक
X			
धाऽतिरकिटतक	तकतिरकिटतक	धेरधेरकिटतक	तूऽनाऽकिटतक
२			
ताऽतिरकिटतक	तकतिर किटतक	तेरतेरकिटतक	ताऽतिरकिटतक
०			
धाऽतिरकिटतक	तकतिरकिटतक	धेरधेरकिटतक	धिंऽनाऽकिटतक
३			

प्रस्तार-३

धाऽतिरकिटतक	तकतिरकिटतक	धेरधेरकिटतक	धेरधेरकिटतक
X			
धाऽतिरकिटतक	तकतिरकिटतक	धेरधेरकिटतक	तूऽनाऽकिटतक
२			
ताऽतिरकिटतक	तकतिरकिटतक	तेरतेरकिटतक	तेरतेरकिटतक
०			
धाऽतिरकिटतक	तकतिरकिटतक	धेरधेरकिटतक	धिंऽनाऽकिटतक
३			

प्रस्तार—४

तकतिरकिटतक	धेरधेरकिटतक	तकतिरकिटतक	धेरधेरकिटतक
X			
धाऽतिरकिटतक	तकतिरकिटतक	धेरधेरकिटतक	तूऽनाऽकिटतक
२			
ताकतिरकिटतक	तेरतेरकिटतक	तकतिरकिटतक	तेरतेरकिटतक
०			
धाऽतिरकिटतक	तकतिरकिटतक	धेरधेरकिटतक	धिंऽनाऽकिटतक
३			

प्रस्तार—५

तकतिरकिटतक	धेरधेरकिटतक	धेरधेरकिटतक	धेरधेरकिटतक
X			
धाऽतिरकिटतक	तकतिरकिटतक	धेरधेरकिटतक	तूऽनाऽकिटतक
२			
ताकतिरकिटतक	तेरतेरकिटतक	तेरतेरकिटतक	तेरतेरकिटतक
०			
धाऽतिरकिटतक	तकतिरकिटतक	धेरधेरकिटतक	धिंऽनाऽकिटतक
३			

प्रस्तार—६

तकतकतकतक	तकतिरकिटतक	धेरधेरकिटतक	धेरधेरकिटतक
X			
धाऽतिरकिटतक	तकतिरकिटतक	धेरधेरकिटतक	तूऽनाऽकिटतक
२			
तकतकतकतक	तकतिरकिटतक	तेरतेरकिटतक	तेरतेरकिटतक
०			
धाऽतिरकिटतक	तकतिरकिटतक	धेरधेरकिटतक	धिंऽनाऽकिटतक
३			

प्रस्तार—७

तकतिरकिटतक	तकतिरकिटतक	धेरधेरकिटतक	तकतिरकिटतक
X			
धाऽतिरकिटतक	तकतिरकिटतक	धेरधेरकिटतक	तूऽनाऽकिटतक
२			
तकतिरकिटतक	तेरतेरकिटतक	तेरतेरकिटतक	तकतिरकिटतक
०			
धाऽतिरकिटतक	तकतिरकिटतक	धेरधेरकिटतक	धिंऽनाऽकिटतक
३			

प्रस्तार—८

धाऽतिरकिटतक	तकतिरकिटतक	धेरधेरकिटतक	तकतिरकिटतक
X			
धाऽतिरकिटतक	तकतिरकिटतक	धेरधेरकिटतक	तूऽनाऽकिटतक
२			
ताऽतिरकिटतक	तकतिरकिटतक	तेरतेरकिटतक	तकतिरकिटतक
०			
धाऽतिरकिटतक	तकतिरकिटतक	धेरधेरकिटतक	धिंऽनाऽकिटतक
३			

तिहाई

धाऽतिरकिटतक	तकतिरकिटतक	धेरधेरकिटतक	धिंऽनाऽकिटतक
X			
धा	ऽ	धाऽतिरकिटतक	तकतिरकिटतक
२			
धेरधेराकटतक	धिंऽनाऽकिटतक	धा	ऽ
०			
धाऽतिरकिटतक	तकतिरकिटतक	धेरधेरकिटतक	धिंऽनाऽकिटतक
३			
धा			
X			

कायदा

ठाह

धा ऽ ति र	कि ट त क	धे र धे र	कि ट त क
X	२	०	३
धा ऽ ति र	कि ट त क	तू ऽ ना ऽ	कि ट त क
X	२	०	३
ता ऽ ति र	कि ट त क	ते र ते र	कि ट त क
X	२	०	३
धा ऽ ति र	कि ट त क	धिं ऽ ना ऽ	कि ट त क
X	२	०	३

दुगुन

धाऽ तिर किट तक	धेर धेर किट तक	धाऽ तिर किट तक	तूऽ नाऽ किट तक
X	२	०	३
ताऽ तिर किट तक	तेर तेर किट तक	धाऽ तिर किट तक	धिंऽ नाऽ किट तक
X	२	०	३

चौगुन

धाऽतिर किटतक धेरधेर किटतक	धाऽतिर किटतक तूऽनाऽ किटतक
X	२
ताऽतिर किटतक तेरतेर किटतक	धाऽतिर किटतक धिंऽनाऽ किटतक
०	३

अठगुन

धाऽतिरकिटतक धेरधेरकिटतक धाऽतिरकिटतक तूऽनाऽकिटतक
X
ताऽतिरकिटतक तेरतेरकिटतक धाऽतिरकिटतक धिंऽनाऽकिटतक
२
धाऽतिरकिटतक धेरधेरकिटतक धाऽतिरकिटतक तूऽनाऽकिटतक
०
ताऽतिरकिटतक तेरतेरकिटतक धाऽतिरकिटतक धिंऽनाऽकिटतक
३

प्रस्तार—१

धाऽतिरकिटतक	धेरधेरकिटतक	धाऽतिरकिटतक	धेरधेरकिटतक
X			
धाऽतिरकिटतक	धेरधेरकिटतक	धाऽतिरकिटतक	तूऽनाऽकिटतक
२			
ताऽतिरकिटतक	तेरतेरकिटतक	ताऽतिरकिटतक	तेरतेरकिटतक
०			
धाऽतिरकिटतक	धेरधेरकिटतक	धाऽतिरकिटतक	धिंऽनाऽकिटतक
३			

प्रस्तार—२

धाऽतिरकिटतक	धेरधेरकिटतक	धेरधेरकिटतक	धेरधेरकिटतक
X			
धाऽतिरकिटतक	धेरधेरकिटतक	धाऽतिरकिटतक	तूऽनाऽकिटतक
२			
ताऽतिरकिटतक	तेरतेरकिटतक	तेरतेरकिटतक	तेरतेरकिटतक
०			
धाऽतिरकिटतक	धेरधेरकिटतक	धाऽतिरकिटतक	धिंऽनाऽकिटतक
३			

प्रस्तार—३

धाऽतिरकिटतक	धेरधेरकिटतक	धेरधेरकिटतक	धाऽतिरकिटतक
X			
धेरधेरकिटतक	धेरधेरकिटतक	धाऽतिरकिटतक	तूऽनाऽकिटतक
२			
ताऽतिरकिटतक	तेरतेरकिटतक	तेरतेरकिटतक	धाऽतिरकिटतक
०			
धेरधेरकिटतक	धेरधेरकिटतक	धाऽतिरकिटतक	धिंऽनाऽकिटतक
३			

प्रस्तार–४

धाऽतिरकिटतक	धेरधेरकिटतक	धेरधेरकिटतक	धाऽतिरकिटतक
X			
धाऽतिरकिटतक	धेरधेरकिटतक	धाऽतिरकिटतक	तूऽनाऽकिटतक
२			
ताऽतिरकिटतक	तेरतेरकिटतक	तेरतेरकिटतक	ताऽतिरकिटतक
०			
धाऽतिरकिटतक	धेरधेरकिटतक	धाऽतिरकिटतक	धिंऽनाऽकिटतक
३			

प्रस्तार–५

धेरधेरकिटतक	धेरधेरकिटतक	धेरधेरकिटतक	धाऽतिरकिटतक
X			
धाऽतिरकिटतक	धेरधेरकिटतक	धाऽतिरकिटतक	तूऽनाऽकिटतक
२			
तेरतेरकिटतक	तेरतेरकिटतक	तेरतेरकिटतक	ताऽतिरकिटतक
०			
धाऽतिरकिटतक	धेरधेरकिटतक	धाऽतिरकिटतक	धिंऽनाऽकिटतक
३			

प्रस्तार–६

धेरधेरकिटतक	धेरधेरकिटतक	धाऽतिरकिटतक	धेरधेरकिटतक
X			
धेरधेरकिटतक	धाऽतिरकिटतक	धाऽतिरकिटतक	तूऽनाऽकिटतक
२			
तेरतेरकिटतक	तेरतेरकिटतक	ताऽतिरकिटतक	धेरधेरकिटतक
०			
धेरधेरकिटतक	धाऽतिरकिटतक	धाऽतिरकिटतक	धिंऽनाऽकिटतक
३			

प्रस्तार—७

धाऽतिरकिटतक	धेरधेरकिटतक	धा	धेरधेरकिटतक
X			
धाऽतिरकिटतक	धेरधेरकिटतक	धातिरकिटतक	तूऽनाऽकिटतक
२			
ताऽतिरकिटतक	तेरतेरकिटतक	ता	तेरतरकिटतक
०			
धाऽतिरकिटतक	धेरधेरकिटतक	धाऽतिरकिटतक	घिंनाऽऽकिटतक
३			

प्रस्तार—८

धेरधेरकिटतक	धेरधेरकिटतक	धेरधेरकिटतक	धेरधेरकिटतक
X			
धाऽतिरकिटतक	धेरधेरकिटतक	धाऽतिरकिटतक	तूऽनाऽकिटतक
२			
तेरतेरकिटतक	तेरतेरकिटतक	तेरतेरकिटतक	तेरतेरकिटतक
०			
धाऽतिरकिटतक	धेरधेरकिटतक	धाऽतिरकिटतक	धिंऽनाऽकटतक
३			

तिहाई

धाऽतिरकिटतक	धेरधेरकिटतक	धाऽतिरकिटतक	धिंऽनाऽकिटतक
X			
धा	ऽ	धाऽतिरकिटतक	धेरधेरकिटतक
२			
धाऽतिरकिटतक	धिंऽनाऽकिटतक	धा	ऽ
०			
धाऽतिरकिटतक	धेरधेरकिटतक	धाऽतिरकिटतक	धिंऽनाऽकिटतक
३			
धा			
X			

कायदा

ठाह

धीं ऽ धी ना	तिर किट धी ना	गी ना तीं ऽ	ती ना की ना
X	२	०	३
तीं ऽ ती ना	तिर किट धी ना	गी ना धीं ऽ	धी ना गी ना
X	२	०	३

दुगुन

धींऽ धीना तिरकिट धीना	गीना तींऽ तीना कीना
X	२
तींऽ तीना तिरकिट धीना	गीना धींऽ धीना गीना
०	३

चौगुन

धींऽधीना तिरकिट धीना गीनातींऽ तीनाकीना
X
तींऽतीना तिरकिट धीना गीनाधींऽ धीनागीना
२
धींऽधीना तिरकिट धीना गीनातींऽ तीनाकीना
०
तींऽतीना तिरकिट धीना गीनाधींऽ धीनागीना
३

अठगुन

धींऽधीना तिर किट धीना गीनातींऽतीनाकीना तींऽतीना तिर किट धीना गीनाधींऽधीनागीना
X
धींऽधीना तिर किट धीना गीनातींऽतीनाकीना तींऽतीना तिर किट धीना गीनाधींऽधीनागीना
२
धींऽधीना तिर किट धीना गीनातींऽतीनाकीना तींऽतीना तिर किट धीना गीनाधींऽधीनागीना
०
धींऽधीना तिर किट धीना गीनातींऽतीनाकीना तींऽतीना तिर किट धीना गीनाधींऽधीनागीना
३

प्रस्तार–१

धींऽधीनातिरकिटधीना	धींऽधीनातिरकिटधीना	धींऽधीना तिरकिटधीना	गीनातींऽतीनाकीना
X			
तींऽतीनातिरकिटतीना	तींऽतीनातिरकिटतीना	धींऽधीनातिरकिटधीना	गीनाधींऽधीनागीना
२			
धींऽधीनातिरकिटधीना	धींऽधीनातिरकिटधीना	धींऽधीना तिरकिटधीना	गीनातींऽतीनाकीना
०			
तींऽतीनातिरकिटतीना	तींऽतीनातिरकिटतीना	धींऽधीनातिरकिटधीना	गीनाधींऽधीनागीना
३			

प्रस्तार–२

धींऽधीनाधींऽधीना	धींऽधीनातिरकिटधीना	धींऽधीना तिरकिटधीना	गीनातींऽतीनाकीना
X			
तींऽतीनातींऽतीना	तींऽतीनातिरकिटतीना	धींऽधीनातिरकिटधीना	गीनाधींऽधीनागीना
२			
धींऽधीनाधींऽधीना	धींऽधीनातिरकिटधीना	धींऽधीना तिरकिटधीना	गीनातींऽतीनाकीना
०			
तींऽतीनातींऽतीना	तींऽतीनातिरकिटतीना	धींऽधीनातिरकिटधीना	गीनाधींऽधीनागीना
३			

प्रस्तार–३

धींऽधीनातिरकिटधीऽ	धीनातिरकिटधींऽधीना	धींऽधीना तिरकिटधीना	गीनातींऽतीनाकीना
X			
तींऽतीनातिरकिटतींऽ	तीनातिरकिटतींऽतीना	धींऽधीनातिरकिटधीना	गीनाधींऽधीनागीना
२			
धींऽधीनातिरकिटधीऽ	धीनातिरकिटधींऽधीना	धींऽधीना तिरकिटधीना	गीनातींऽतीनाकीना
०			
तींऽतीनातिरकिटतींऽ	तीनातिरकिटतींऽतीना	धींऽधीनातिरकिटधीना	गीनाधींऽधीनागीना
३			

प्रस्तार—४

धीं ऽधीनाधीं ऽधीऽ	धीं ऽधीनातिरकिटधीना	धीं ऽधीना तिरकिटधीना	गीनातीं ऽतीनाकीना
X			
तीं ऽतीनातीं ऽतीऽ	तीं ऽतीनातिरकिटतीना	धीं ऽधीनातिरकिटधीना	गीनाधीं ऽधीनागीना
२			
धीं ऽधीनाधीं ऽधीऽ	धीं ऽधीनातिरकिटधीना	धीं ऽधीना तिरकिटधीना	गीनातीं ऽतीनाकीना
०			
तीं ऽतीनातीं ऽतीऽ	तीं ऽतीनातिरकिटतीना	धीं ऽधीनातिरकिटधीना	गीनाधीं ऽधीनागीना
३			

प्रस्तार—५

धीं ऽधीं ऽधीनागीना	धीं ऽधीं ऽधीनागीना	धीं ऽधीना तिरकिटधीना	गीनातीं ऽतीनाकीना
X			
तीं ऽतीं ऽतीनाकीना	तीं ऽतीऽतीनाकीना	धीं ऽधीनातिरकिटधीना	गीनाधीं ऽधीनागीना
२			
धीं ऽाधीं ऽधीनागीना	धीं ऽधीं ऽधीनागीना	धीं ऽधीना तिरकिटधीना	गीनातीं ऽतीनाकीना
०			
तीं ऽतीऽतीनाकीना	तीं ऽतीऽतीनाकीना	धीं ऽधीनातिरकिटधीना	गीनाधीं ऽधीनागीना
३			

प्रस्तार—६

धीं ऽधीं ऽधीनातिरकिट	धींनाधीं ऽधीनागीना	धीं ऽधीना तिरकिटधीना	गीनातीं ऽतीनाकीना
X			
तीं ऽतीऽतीनातिरकिट	तींनातीऽतीनाकीना	धीं ऽधीनातिरकिटधीना	गीनाधीं ऽधीनागीना
२			
धीं ऽधीं ऽधीनातिरकिट	धींनाधीं ऽधीनागीना	धीं ऽधीना तिरकिटधीना	गीनातीं ऽतीनाकीना
०			
तीं ऽतीऽतीनातिरकिट	तींनातीऽतीनाकीना	धीं ऽधीनातिरकिटधीना	गीनाधीं ऽधीनागीना
३			

प्रस्तार—७

तिरकिटधींऽधीनागीना तिरकिटधींऽधीनागीना धींऽधीना तिरकिटधीना गीनातींऽतीनाकीना
X
तिरकिटतीऽतीनाकीना तिरकिटतीऽतीनाकीना धींऽधीनातिरकिटधीना गीनाधींऽधीनागीना
२
तिरकिटधींऽधीनागीना तिरकिटधींऽधीनागीना धींऽधीना तिरकिटधीना गीनातींऽतीनाकीना
०
तिरकिटतीऽतीनाकीना तिरकिटतीऽतीनाकीना धींऽधीनातिरकिटधीना गीनाधींऽधीनागीना
३

प्रस्तार—८

तिरकिटधींऽधीनातिरकिट धींऽधीनातिरकिटधीना धींऽधीना तिरकिटधीना गीनातींऽतीनाकीना
X
तिरकिटतीऽतीनातिरकिट तीऽतीनातिरकिटतीना धींऽधीनातिरकिटधीना गीनाधींऽधीनागीना
२
तिरकिटधींऽधीनातिरकिट धींऽधीनातिरकिटधीना धींऽधीना तिरकिटधीना गीनातींऽतीनाकीना
०
तिरकिटतीऽतीनातिरकिट तीऽतीनातिरकिटतीना धींऽधीनातिरकिटधीना गीनाधींऽधीनागीना
३

तिहाई

धींऽधीनातिरकिटधीना गीनाधींऽधीनागीना धाऽऽऽगीनाधींऽ धीनागीनाधाऽऽऽ
X
गीनाधींऽधीनागीना धाऽऽऽधींऽधीना तिरकिटधीनागीनाधींऽ धीनागीनाधाऽऽऽ
२
गीनाधींऽधीनागीना धाऽऽऽगीनाधींऽ धीनागीनाधाऽऽऽ धींऽधीनातिरकिटधीना
०
गीनाधींऽधीनागीना धाऽऽऽगीनाधींऽ धीनागीनाधाऽऽऽ गीनाधींऽधीनागीना
३

धा
X

नोट—उपर्युक्त कायदे में धीं के बाद अवग्रह 'ऽ' लगा है। इस अवग्रह के स्थान पर 'गे' का भी प्रयोग किया जा सकता है।

रेला—१

ठाह

धाऽ	तिर	किट	तक	तूऽ	नाऽ	किट	तक	ताऽ	तिर	किट	तक	धिंऽ	नाऽ	किट	तक
X				२				०				३			

दुगुन

धाऽतिर	किटतक	तूऽनाऽ	किटतक	ताऽतिर	किटतक	धिंऽनाऽ	किटतक
X				२			
धाऽतिर	किटतक	तूऽनाऽ	किटतक	ताऽतिर	किटतक	धिंऽनाऽ	किटतक
०				३			

चौगुन

धाऽतिरकिटतक	तूऽनाऽकिटतक	ताऽतिरकिटतक	धिंऽनाऽकिटतक
X			
धाऽतिरकिटतक	तूऽनाऽकिटतक	ताऽतिरकिटतक	धिंऽनाऽकिटतक
२			
धाऽतिरकिटतक	तूऽनाऽकिटतक	ताऽतिरकिटतक	धिंऽनाऽकिटतक
०			
धाऽतिरकिटतक	तूऽनाऽकिटतक	ताऽतिरकिटतक	धिंऽनाऽकिटतक
३			

रेला—२

ठाह

तिर	किट	तक	तिर	किट	तक	तूऽ	नाऽ	तिर	किट	तक	तिर	किट	तक	धिंऽ	नाऽ
X				२				०				३			

दुगुन

तिरकिट	तकतिर	किटतक	तूऽनाऽ	तिरकिट	तकतिर	किटतक	धिंऽनाऽ
X				२			
तिरकिट	तकतिर	किटतक	तूऽनाऽ	तिरकिट	तकतिर	किटतक	धिंऽनाऽ
०				३			

चौगुन

तिरकिटतकतिर	किटतकतूऽनाऽ	तिरकिटतकतिर	किटतकधिंऽनाऽ
X			
तिरकिटतकतिर	किटतकतूऽनाऽ	तिरकिटतकतिर	किटतकधिंऽनाऽ
२			
तिरकिटतकतिर	किटतकतूऽनाऽ	तिरकिटतकतिर	किटतकधिंऽनाऽ
०			
तिरकिटतकतिर	किटतकतूऽनाऽ	तिरकिटतकतिर	किटतकधिंऽनाऽ
३			

तीन ताल में 'रेला'

रेला

धाऽतिरकिटतक	तूऽनाऽकिटतक	ताऽतिरकिटतक	धिंऽनाऽकिटतक
X			
धाऽतिरकिटतक	तूऽनाऽकिटतक	ताऽतिरकिटतक	धिंऽनाऽकिटतक
२			
धाऽतिरकिटतक	तूऽनाऽकिटतक	ताऽतिरकिटतक	धिंऽनाऽकिटतक
०			
धाऽतिरकिटतक	तूऽनाऽकिटतक	ताऽतिरकिटतक	धिंऽनाऽकिटतक
३			

प्रस्तार–१

धाऽतिरकिटतक	धाऽऽऽकिटतक	धाऽतिरकिटतक	तूऽनाऽकिटतक
X			
ताऽतिरकिटतक	ताऽऽऽकिटतक	धाऽतिरकिटतक	धिंऽनाऽकिटतक
२			
धाऽतिरकिटतक	धाऽऽऽकिटतक	धाऽतिरकिटतक	तूऽनाऽकिटतक
०			
ताऽतिरकिटतक	ताऽऽऽकिटतक	धाऽतिरकिटतक	धिंऽनाऽकिटतक
३			

प्रस्तार–२

धाऽतिरकिटधाऽ	तिरकिटधाऽधाऽ	धाऽतिरकिटतक	तूऽनाऽकिटतक
X			
ताऽतिरकिटताऽ	तिरकिटताऽताऽ	धाऽतिरकिटतक	धिंऽनाऽकिटतक
२			
धाऽतिरकिटधाऽ	तिरकिटधाऽधाऽ	धाऽतिरकिटतक	तूऽनाऽकिटतक
०			
ताऽतिरकिटताऽ	तिरकिटताऽताऽ	धाऽतिरकिटतक	धिंऽनाऽकिटतक
३			

प्रस्तार—३

धाऽऽऽधाऽतिर	किटतकधाऽऽऽ	धाऽतिरकिटतक	तूऽनाऽकिटतक
X			
ताऽऽऽताऽतिर	किटतकधाऽऽऽ	धाऽतिरकिटतक	धिंऽनाऽकिटतक
२			
धाऽऽऽधाऽतिर	किटतकधाऽऽऽ	धाऽतिरकिटतक	तूऽनाऽकिटतक
०			
ताऽऽऽताऽतिर	किटतकधाऽऽऽ	धाऽतिरकिटतक	धिंऽनाऽकिटतक
३			

प्रस्तार—४

धाऽतिरकिटधाऽ	ऽऽधाऽतिरकिट	धाऽतिरकिटतक	धिंऽनाऽकिटतक
X			
ताऽतिरकिटताऽ	ऽऽताऽतिरकिट	धाऽतिरकिटतक	धिंऽनाऽकिटतक
२			
धाऽतिरकिटधाऽ	ऽऽधाऽतिरकिट	धाऽतिरकिटतक	तूऽनाऽकिटतक
०			
ताऽतिरकिटताऽ	ऽऽताऽतिरकिट	धाऽतिरकिटतक	धिंऽनाऽकिटतक
३			

प्रस्तार—५

तिरकिटधाऽतिर	किटतकतिरकिट	धाऽतिरकिटतक	तूऽनाऽकिटतक
X			
तिरकिटताऽतिर	किटतकतिरकिट	धाऽतिरकिटतक	धिंऽनाऽकिटतक
२			
तिरकिटधाऽतिर	किटतकतिरकिट	धाऽतिरकिटतक	तूऽनाऽकिटतक
०			
तिरकिटताऽतिर	किटतकतिरकिट	धाऽतिरकिटतक	धिंऽनाऽकिटतक
३			

प्रस्तार—६

तिरकिटधिंऽनाऽ	किटतकतिरकिट	धाऽतिरकिटतक	तूऽनाऽकिटतक
X			
तिरकिटतूऽनाऽ	किटतकतिरकिट	धाऽतिरकिटतक	धिंऽनाऽकिटतक
२			
तिरकिटधिंऽनाऽ	किटतकतिरकिट	धाऽतिरकिटतक	तूऽनाऽकिटतक
०			
तिरकिटतूऽनाऽ	किटतकतिरकिट	धाऽतिरकिटतक	धिंऽनाऽकिटतक
३			

तिहाई

तिरकिटधिंऽनाऽ	किटतकतिरकिट	धाऽतिरकिटतक	धिंऽनाऽकिटतक
X			
धा	ऽ	तिरकिटधिंऽनाऽ	किटतकतिरकिट
२			
धातिरकिटतक	धिंऽनाऽकिटतक	धा	ऽ
०			
तिरकिटधिंऽनाऽ	किटतकतिरकिट	धाऽतिरकिटतक	धिंऽनाऽकिटतक
३			
धा			
X			

तीनताल में 'रेला'

रेला

तिरकिटतकतिर	किटतकतूऽनाऽ	तिरकिटतकतिर	किटतकधिंऽनाऽ
X			
तिरकिटतकतिर	किटतकतूऽनाऽ	तिरकिटतकतिर	किटतकधिंऽनाऽ
२			
तिरकिटतकतिर	किटतकतूऽनाऽ	तिरकिटतकतिर	किटतकधिंऽनाऽ
०			
तिरकिटतकतिर	किटतकतूऽनाऽ	तिरकिटतकतिर	किटतकधिंऽनाऽ
३			

प्रस्तार—१

तिरकिटतकतिर	किटतकतकतक	तिरकिटतकतिर	किटतकतूऽनाऽ
X			
तिरकिटतकतिर	किटतकतकतक	तिरकिटतकतिर	किटतकधिंऽनाऽ
२			
तिरकिटतकतिर	किटतकतकतक	तिरकिटतकतिर	किटतकतूऽनाऽ
०			
तिरकिटतकतिर	किटतकतकतक	तिरकिटतकतिर	किटतकधिंऽनाऽ
३			

प्रस्तार—२

तिरकिटतकतिर	किटतकतकतक	तिरकिटतकतिर	किटतकतकतक
X			
तिरकिटतकतिर	किटतकतकतक	तिरकिटतकतिर	किटतकतूऽनाऽ
२			
तिरकिटतकतिर	किटतकतकतक	तिरकिटतकतिर	किटतकतकतक
०			
तिरकिटतकतिर	किटतकतकतक	तिरकिटतकतिर	किटतकधिंऽनाऽ
३			

प्रस्तार–३

तिरकिटतकतिर	किटतकतिरकिट	तकतिरकिटतक	तिरकिटतूऽनाऽ
X			
तिरकिटतकतिर	किटतकतिरकिट	तकतिरकिटतक	तिरकिटधिंऽनाऽ
२			
तिरकिटतकतिर	किटतकतिरकिट	तकतिरकिटतक	तिरकिटतूऽनाऽ
०			
तिरकिटतकतिर	किटतकतिरकिट	तकतिरकिटतक	तिरकिटधिंऽनाऽ
३			

प्रस्तार–४

किटतकतिरकिट	तकतिरकिटतक	तिरकिटतकतिर	किटतकतूऽनाऽ
X			
किटतकतिरकिट	तकतिरकिटतक	तिरकिटतकतिर	किटतकधिंऽनाऽ
२			
किटतकतिरकिट	तकतिरकिटतक	तिरकिटतकतिर	तिरकिटतूऽनाऽ
०			
किटतकतिरकिट	तकतिरकिटतक	तिरकिटतकतिर	किटतकधिंऽनाऽ
३			

प्रस्तार–५

किटतकतिरकिट	तकतिरकिटतक	किटतकतिरकिट	तकतिरकिटतक
X			
किटतकतिरकिट	तकतिरकिटतक	तिरकिटतकतिर	किटतकतूऽनाऽ
२			
किटतकतिरकिट	तकतिरकिटतक	किटतकतिरकिट	तकतिरकिटतक
०			
किटतकतिरकिट	तकतिरकिटतक	तिरकिटतकतिर	किटतकधिंऽनाऽ
३			

प्रस्तार—६

तिरकिटतककिट	तकतिरकिटतक	तिरकिटतकतिर	किटतकतूऽनाऽ
X			
तिरकिटतककिट	तकतिरकिटतक	तिरकिटतकतिर	किटतकधिंऽनाऽ
२			
तिरकिटतककिट	तकतिरकिटतक	तिरकिटतकतिर	किटतकतूऽनाऽ
०			
तिरकिटतककिट	तकतिरकिटतक	तिरकिटतकतिर	किटतकधिंऽनाऽ
३			

तिहाई

किटतकतिरकिट	तकतिरकिटतक	तिरकिटतकतिर	किटतकधिंऽनाऽ
X			
धा	ऽ	किटतकतिरकिट	तकतिरकिटतक
२			
तिरकिटतकतिर	किटतकधिंऽनाऽ	धा	ऽ
०			
किटतकतिरकिट	तकतिरकिटतक	तिरकिटतकतिर	किटतकधिंऽनाऽ
३			
धा			
X			

रेला

X				२			
धाऽतिर	घेड़नग	दिनतक	धाऽतिर	घेड़नग	दिनतक	ताऽतिर	किटतक
०				३			
ताऽतिर	केड़नग	तिनतक	ताऽतिर	घेड़नग	दिनतक	धाऽतिर	किटतक

प्रस्तार—१

X				२			
धाऽतिर	किटधाऽ	तिरकिट	धाऽतिर	घेड़नग	दिनतक	धाऽतिर	किटतक
०				३			
धाऽतिर	घेड़नग	दिनतक	धाऽतिर	घेड़नग	दिनतक	ताऽतिर	किटतक
X				२			
ताऽतिर	किटताऽ	तिरकिट	ताऽतिर	केड़नग	तिनतक	ताऽतिर	किटतक
०				३			
धाऽतिर	घेड़नग	दिनतक	धाऽतिर	घेड़नग	दिनतक	धाऽतिर	किटतक

प्रस्तार—२

X				२			
धाऽतिर	किटधाऽ	तिरकिट	धाऽतिर	किटधाऽ	तिरकिट	धाऽतिर	घेड़नग
०				३			
धाऽतिर	घेड़नग	दिनतक	धाऽतिर	घेड़नग	दिनतक	ताऽतिर	किटतक
X				२			
ताऽतिर	किटताऽ	तिरकिट	ताऽतिर	किटधाऽ	तिरकिट	ताऽतिर	केड़नग
०				३			
धाऽतिर	घेड़नग	दिनतक	धाऽतिर	घेड़नग	दिनतक	धाऽतिर	किटतक

प्रस्तार—३

X				२			
धाऽऽऽ	धाऽतिर	किटतक	धाऽतिर	घेड़नग	दिनतक	धाऽतिर	किटतक
०				३			
धाऽतिर	घेड़नग	दिनतक	धाऽतिर	घेड़नग	दिनतक	ताऽतिर	किटतक

X				२			
ताऽऽऽ	ताऽतिर	किटतक	ताऽतिर	केड़नग	तिनतक	ताऽतिर	केड़नक
०				३			
धाऽतिर	घेड़नग	दिनतक	धाऽतिर	घेड़नग	दिनतक	धाऽतिर	किटतक

प्रस्तार–४

X				२			
धाऽतिर	घेड़नग	दिनतक	धाऽतिर	किटतक	धाऽतिर	घेड़नग	दिनतक
०				३			
धाऽतिर	घेड़नग	दिनतक	धाऽतिर	घेड़नग	दिनतक	ताऽतिर	किटतक
X				२			
ताऽतिर	केड़नक	तिनतक	ताऽतिर	किटतक	ताऽतिर	केड़नग	तिनतक
०				३			
धाऽतिर	घेड़नग	दिनतक	धाऽतिर	घेड़नग	दिनतक	धाऽतिर	किटतक

प्रस्तार–५

X				२			
दिनतक	धाऽतिर	किटतक	धाऽतिर	घेड़नग	दिनतक	धाऽतिर	किटतक
०				३			
धाऽतिर	घेड़नग	दिनतक	धाऽतिर	घेड़नग	दिनतक	ताऽतिर	किटतक
X				२			
तिनतक	ताऽतिर	किटतक	ताऽतिर	केड़नग	तिनतक	ताऽतिर	किटतक
०				३			
धाऽतिर	घेड़नग	दिनतक	धाऽतिर	घेड़नग	दिनतक	धाऽतिर	किटतक

प्रस्तार–६

X				२			
दिनतक	धाऽतिर	घेड़नग	दिनतक	धाऽतिर	किटतक	धाऽतिर	किटतक
०				३			
धाऽतिर	घेड़नग	दिनतक	धाऽतिर	घेड़नग	दिनतक	ताऽतिर	किटतक
X				२			
तिनतक	ताऽतिर	केड़नक	तिनतक	ताऽतिर	किटतक	ताऽतिर	किटतक
०				३			
धाऽतिर	घेड़नग	दिनतक	धाऽतिर	घेड़नग	दिनतक	धाऽतिर	किटतक

तिहाई

X				२			
धाऽतिर	घेड़नग	दिनतक	धाऽतिर	घेड़नग	दिनतक	धाऽतिर	किटतक
०				३			
धा	ऽ	ऽ	ऽ	धाऽतिर	घेड़नग	दिनतक	धाऽतिर
X				२			
घेड़नग	दिनतक	धाऽतिर	किटतक	धा	ऽ	ऽ	ऽ
०				३			
धाऽतिर	घेड़नग	दिनतक	धाऽतिर	घेड़नग	दिनतक	धाऽतिर	किटतक
X							
धा							

रेला

X			
धिन्नाकिटतक	धाऽतिरकिटतक	धाऽतिरकिटतक	धिन्नाकिटतक
२			
धाऽतिरकिटतक	धिन्नाकिटतक	तिन्नाकिटतक	ताऽतिरकितक
०			
तिन्नाकिटतक	ताऽतिरकिटतक	ताऽतिरकिटतक	तिन्नाकिटतक
३			
ताऽतिरकिटतक	धिन्नाकिटतक	धिन्नाकिटतक	धाऽतिरकिटतक

प्रस्तार–१

X			
धिन्नाकिटतक	धाऽतिरकिटतक	धाऽतिरकिटतक	धिन्नाकिटतक
२			
धिन्नाकिटतक	धाऽतिरकिटतक	धाऽतिरकिटतक	धिन्नाकिटतक
०			
धिन्नाकिटतक	धाऽतिरकिटतक	धाऽतिरकिटतक	धिन्नाकिटतक
३			
धाऽतिरकिटतक	धिन्नाकिटतक	तिन्नाकिटतक	ताऽतिरकितक
X			
तिन्नाकिटतक	ताऽतिरकिटतक	ताऽतिरकिटतक	तिन्नाकिटतक
२			
तिन्नाकिटतक	ताऽतिरकिटतक	ताऽतिरकिटतक	तिन्नाकिटतक
०			
धिन्नाकिटतक	धाऽतिरकिटतक	धाऽतिरकिटतक	धिन्नाकिटतक
३			
धाऽतिरकिटतक	धिन्नाकिटतक	तिन्नाकिटतक	ताऽतिरकितक

प्रस्तार–२

X			
धिन्नाकिटतक	धाऽतिरकिटतक	धिन्नाकिटतक	धाऽतिरकिटतक
२			
धिन्नाकिटतक	धाऽतिरकिटतक	धाऽतिरकिटतक	धिन्नाकिटतक

०
धिन्नाकिटतक धाऽतिरकिटतक धाऽतिरकिटतक धिन्नाकिटतक
३
धाऽतिरकिटतक धिन्नाकिटतक तिन्नाकिटतक ताऽतिरकितक
X
तिन्नाकिटतक ताऽतिरकिटतक तिन्नाकिटतक तिन्नाकिटतक
२
तिन्नाकिटतक ताऽतिरकिटत्क ताऽतिरकिटतक तिन्नाकिटतक
०
धिन्नाकिटतक धाऽतिरकिटतक धाऽतिरकिटतक धिन्नाकिटत्क
३
धाऽतिरकिटतक धिन्नाकिटतक धिन्नाकिटतक धाऽतिरकिटतक

प्रस्तार–३

X
धिन्नाकिटतक धाऽतिरकिटतक धाऽतिरकिटतक तिन्नाकिटतक
२
तिन्नाकिटतक ताऽतिरकिटतक धाऽतिरकिटतक धिन्नाकिटतक
०
धिन्नाकिटतक धाऽतिरकिटतक धाऽतिरकिटतक तिन्नाकिटतक
३
तिन्नाकिटतक ताऽतिरकिटतक धाऽतिरकिटतक तिन्नाकिटतक

प्रस्तार–४

X
धिन्नाकिटतक धिन्नाकिटतक धिन्नाकिटतक धाऽतिरकिटवक
२
धिन्नाकिटतक धाऽतिरकिटतक धाऽतिरकिटतक तिन्नाकिटतक
०
तिन्नाकिटतक तिन्नाकिटतक तिन्नाकिटतक ताऽतिरकिटतक
३
धिन्नाकिटतक धाऽतिरकिटतक धाऽत्तिरकिटतक धिन्नाकिटतक

प्रस्तार—५

X			
धिन्नाधिन्ना	धिन्नाकिटतक	धिन्नाकिटतक	धाऽतिरकिटतक
२			
धिन्नाकिटतक	धाऽतिरकिटतक	धाऽतिरकिटतक	तिन्नाकिटतक
०			
तिन्नातिन्ना	तिन्नाकिटतक	तिन्नाकिटतक	ताऽतिरकिटतक
३			
धिन्नाकिटतक	धाऽतिरकिटतक	धाऽतिरकिटतक	धिन्नाकिटतक

प्रस्तार—६

X			
धिन्नाधिन्ना	किटतकधिन्ना	धिन्नाकिटतक	धाऽतिरकिटतक
२			
धातिरकिटतक	धिन्नाकिटतक	तिन्नाकिटतक	ताऽतिरकिटतक
०			
तिन्नातिन्ना	किटतकतिन्ना	तिन्नाकिटतक	ताऽतिरकिटतक
३			
धातिरकिटतक	धिन्नाकिटतक	धिन्नाकिटतक	धाऽतिरकिटतक

प्रस्तार—७

X			
धाऽतिरकिटतक	धिन्नाकिटतक	तिन्नाकिटतक	ताऽतिरकिटतक
२			
तातिरकिटतक	तिन्नाकिटतक	धिन्नाकिटतक	धाऽतिरकिटतक
०			
धाऽतिरकिटतक	धिन्नाकिटतक	तिन्नाकिटतक	ताऽतिरकिटतक
३			
तातिरकिटतक	तिन्नाकिटतक	धिन्नाकिटतक	धाऽतिरकिटतक

तिहाई

X			
धाऽतिरकिटतक	धिन्नाकिटतक	धिन्नाकिटतक	धाऽतिरकिटतक
२			
धा	ऽ	धाऽतिरकिटतक	धिन्नाकिटतक
०			
धिन्नाकिटतक	धाऽतिरकिटतक	धा	ऽ
३			
धाऽतिरकिटतक	धिन्नाकिटतक	धिन्नाकिटतक	धाऽतिरकिटतक
X			
धा			

गत कायदा

X	२
धिन्ना किटतक धा धाऽतिर	घेड़नग तेत् धिन्ना किटतक
०	२
घेड़नग घेड़नग धिन्ना किटतक	धेरधेर किटतक ताऽतिर किटतक
X	२
तिन्ना किटतक ता ताऽतिर	केड़नग तेत् तिन्ना किटतक
०	३
घेड़नग घेड़नग धिन्ना किटतक	धेरधेर किटतक धाऽतिर किटतक

प्रस्तार—१

X	२
धिन्ना किटतक धा धाऽतिर	घेड़नग तेत् धिन्ना किटतक
०	३
धिन्ना किटतक धा धाऽतिर	घेड़नग तेत् धिन्ना किटतक
X	२
धिन्ना किटतक धा धाऽतिर	घेड़नग तेत् धिन्ना किटतक
०	३
घेड़नग घेड़नग धिन्ना किटतक	धेरधेर किटतक ताऽतिर किटतक
X	२
तिन्ना किटतक ता ताऽतिर	केड़नग तेत् तिन्ना किटतक
०	३
तिन्ना किटतक ता ताऽतिर	केड़नग तेत् तिन्ना किटतक
X	२
धिन्ना किटतक धा धाऽतिर	घेड़नग तेत् धिन्ना किटतक
०	३
घेड़नग घेड़नग धिन्ना किटतक	धेरधेर किटतक धाऽतिर किटतक

प्रस्तार—२

X	२
घेड़नग घेड़नग धिन्ना किटतक	धेरधेर किटतक ताऽतिर किटतक
०	३
केड़नग केड़नग तिन्न् किटतक	धेरधेर किटतक धाऽतिर किटतक
X	२
घेड़नग घेड़नग धिन्ना किटतक	धेरधेर किटतक ताऽतिर किटतक
०	३
केड़नग केड़नग तिन्न् किटतक	धेरधेर किटतक धाऽतिर किटतक

प्रस्तार—३

X	२
घेड़नग घेड़नग धिन्ना किटतक	घेड़नग घेड़नग धिन्ना किटतक
०	३
घेड़नग घेड़नग धिन्ना किटतक	धेरधेर किटतक ताऽतिर किटतक
X	२
केड़नग केड़नग तिन्ना किटतक	केड़नग केड़नग तिन्ना किटतक
०	३
घेड़नग घेड़नग धिन्ना किटतक	धेरधेर किटतक धाऽतिर किटतक

प्रस्तार—४

X	२
घेड़नग धिन्ना किटतक घेड़नग	धिन्ना किटतक धिन्ना किटतक
०	३
धेड़नद धेड़नग धिन्ना किटतक	धेरधेर किटतक ताऽतिर किटतक
X	२
केड़नग तिन्ना किटतक केड़नग	तिन्ना किटतक तिन्ना किटतक
०	३
घेड़नग घेड़नग धिन्ना किटतक	धेरधेर किटतक धाऽतिर किटतक

तिहाई

X	२
घेड़नग घेड़नग धिन्ना किटतक	धेरधेर किटतक धाऽतिर किटतक
०	३
धा ऽ ऽ ऽ	घेड़नग घेड़नग धिन्ना किटतक
X	२
धेरधेर किटतक धाऽतिर किटतक	धा ऽ ऽ ऽ
०	३
घेड़नग घेड़नग धिन्ना किटतक	धेरधेर किटतक धाऽतिर किटतक
X	
धा	

गत कायदा

X	२
दिनतक दिनतक तकदिन तकदिन	तकतक दिनतक धाऽतिर किटतक
०	३
तकतिर किटधाऽ घेड़नग दिनतक	धेरधेर किटतक ताऽतिर किटतक
X	२
तिनतक तिनतक तकतिन तकतिन	तकतक तिनतक ताऽतिर किटतक
०	३
तकतिर किटधाऽ घेड़नग दिनतक	धेरधेर किटतक धाऽतिर किटतक

प्रस्तार–१

X	२
दिनतक दिनतक तकदिन तकदिन	तकतक दिनतक धाऽतिर किटतक
०	३
दिनतक दिनतक तकदिन तकदिन	तकतक दिनतक धाऽतिर किटतक
X	२
दिनतक दिनतक तकदिन तकदिन	तकतक दिनतक धाऽतिर किटतक
०	३
तकतिर किटधाऽ घेड़नग दिनतक	धेरधेर किटतक ताऽतिर किटतक
X	२
तिनतक तिनतक तकतिन तकतिन	तकतक तिनतक ताऽतिर किटतक
०	३
तिनतक तिनतक तकतिन तकतिन	तकतक तिनतक ताऽतिर किटतक
X	२
दिनतक दिनतक तकदिन तकदिन	तकतक दिनतक धाऽतिर किटतक
०	३
तकतिर किटधाऽ घेड़नग दिनतक	धेरधेर किटतक धाऽतिर किटतक

प्रस्तार–२

X	२
तकतिर किटधाऽ घेड़नग दिनतक	तेरतेर किटतक ताऽतिर किटतक
०	३
तकतिर किटताऽ केड़नग तिनतक	धेरधेर किटतक धाऽतिर किटतक

प्रस्तार–३

X	२
तकतिर किटधाऽ घेड़नग दिनतक	तकतिर किटधाऽ घेड़नग दिनतक
०	३
तकतिर किटधाऽ घेड़नग दिनतक	धेरधेर किटतक ताऽतिर किटतक
X	२
तकतिर किटताऽ केड़नग तिनतक	तकतिर किटताऽ केड़नक तिनतक
०	३
तकतिर किटधाऽ घेड़नग दिनतक	धेरधेर किटतक धाऽतिर किटतक

प्रस्तार–४

X	२
तकतिर किटधाऽ घेड़नग दिनतक	धाऽघेड़ नग,धाऽ घेड़नग दिनतक
०	३
तकतिर किटधाऽ घेड़नग दिनतक	धेरधेर किटतक ताऽतिर किटतक
X	२
तकतिर किटताऽ केड़नग तिनतक	ताऽकेड़ नक,ताऽ केड़नग तिनतक
०	३
तकतिर किटधाऽ घेड़नग दिनतक	धेरधेर किटतक धाऽतिर किटतक

तिहाई

X	२
तकतिर किटधाऽ घेड़नग दिनतक	धेरधेर किटतक धाऽतिर किटतक
०	३
धा ऽ ऽ ऽ	तकतिर किटधाऽ घेड़नग दिनतक
X	२
धेरधेर किटतक धाऽतिर किटतक	धा ऽ ऽ ऽ
०	३
तकतिर किटधाऽ घेड़नग दिनतक	धेरधेर किटतक धाऽतिर किटतक
X	
धा	

ताल-झपताल में कायदा

धागे तिरकिट	धागे नाधा तिरकिट	धागे तिरकिट	धागे तिंना किना
X	२	०	३
ताके तिरकिट	ताके नाता तिरकिट	धागे तिरकिट	धागे धिंना गिना
X	२	०	३

प्रस्तार—१

धागे तिरकिट	धागे नाधा तिरकिट	धागे तिरकिट	धागे नाधा तिरकिट
X	२	०	३
धागे तिरकिट	धागे नाधा तिरकिट	धागे तिरकिट	धागे तिंना किना
X	२	०	३
ताके तिरकिट	ताके नाता तिरकिट	ताके तिरकिट	ताके नाता तिरकिट
X	२	०	३
धागे तिरकिट	धागे नाधा तिरकिट	धागे तिरकिट	धागे धिंना गिना
X	२	०	३

प्रस्तार—२

धागे तिरकिट	धागे नाधा तिरकिट	धाधा तिरकिट	धागे नाधा तिरकिट
X	२	०	३
धागे तिरकिट	धागे नाधा तिरकिट	धागे तिरकिट	धागे तिंना किना
X	२	०	३
ताके तिरकिट	ताके नाता तिरकिट	ताता तिरकिट	ताके नाता तिरकिट
X	२	०	३
धागे तिरकिट	धागे नाधा तिरकिट	धागे तिरकिट	धागे धिंना गिना
X	२	०	३

प्रस्तार—३

धागे तिरकिट	धागे नाधा तिरकिट	धाधा तिरकिट	धाऽतिर किटधाऽ तिरकिट
X	२	०	३
धागे तिरकिट	धागे नाधा तिरकिट	धागे तिरकिट	धागे तिंना किना
X	२	०	३

ताके तिरकिट	ताके नाता तिरकिट	ताता तिरकिट	ताऽतिर किटताऽ तिरकिट
X	२	०	३
धागे तिरकिट	धागे नाधा तिरकिट	धागे तिरकिट	धागे धिंना गिना
X	२	०	३

प्रस्तार–४

धागे तिरकिट	धागे तिरकिट धागे	नाधा तिरकिट	धागे नाधा तिरकिट
X	२	०	३
धागे तिरकिट	धागे नाधा तिरकिट	धागे तिरकिट	धागे तिंना किना
X	२	०	३
ताके तिरकिट	ताके तिरकिट ताके	नाता तिरकिट	ताके नाता तिरकिट
X	२	०	३
धागे तिरकिट	धागे नाधा तिरकिट	धागे तिरकिट	धागे धिंना गिना
X	२	०	३

प्रस्तार–५

धागे तिरकिट	धागे नाधा गेना	धागे तिरकिट	धागे नाधा गेना
X	२	०	३
धागे तिरकिट	धागे नाधा तिरकिट	धागे तिरकिट	धागे तिंना किना
X	२	०	३
ताके तिरकिट	ताके नाता केना	ताके तिरकिट	ताके नाता केना
X	२	०	३
धागे तिरकिट	धागे नाधा तिरकिट	धागे तिरकिट	धागे धिंना गिना
X	२	०	३

प्रस्तार–६

तिरकिट धागे	नाधा तिरकिट धागे	नाधा तिरकिट	धागे नाधा तिरकिट
X	२	०	३
धागे तिरकिट	धागे नाधा तिरकिट	धागे तिरकिट	धागे तिंना किना
X	२	०	३
तिरकिट ताके	नाता तिरकिट ताके	नाता तिरकिट	ताके नाता तिरकिट
X	२	०	३
धागे तिरकिट	धागे नाधा तिरकिट	धागे तिसकिट	धागे धिंना गिना
X	२	०	३

तिहाई

धागे नाधा	तिरकिट धागे धिंना	गिना धा	धागे नाधा तिरकिट
X	२	०	३
धागे धिंना	गिना धा धागे	नाधा तिरकिट	धागे धिंना गिना
X	२	०	३
धा			
X			

झपताल में कायदा

धा तेटे	क्रधे तेटे गिन	धा गिन	धागे तिंना किन
X	२	०	३
ता तेटे	क्रते तेटे किन	धा गिन	धागे धिंना गिन
X	२	०	३

प्रस्तार—१

धा तेटे	क्रधे तेटे गिन	धा तेटे	क्रधे तेटे गिन
X	२	०	३
धा तेटे	क्रधे तेटे गिन	धा गिन	धागे तिंना किन
X	२	०	३
ता तेटे	क्रते तेटे किन	धा तेटे	क्रधे तेटे किन
X	२	०	३
धा तेटे	क्रधे तेटे गिन	धा गिन	धागे धिंना गिन
X	२	०	३

प्रस्तार—२

धा तेटे	क्रधे तेटे गिन	तेटे क्रधे	तेटे तेटे गिन
X	२	०	३
धा तेटे	क्रधे तेटे गिन	धा गिन	धागे तिंना किन
X	२	०	३
ता तेटे	क्रते तेटे किन	तेटे क्रते	तेटे तेटे किन
X	२	०	३
धा तेटे	क्रधे तेटे गिन	धा गिन	धागे धिंना गिन
X	२	०	३

प्रस्तार—३

धा तेटे	क्रधे तेटे क्रधे	तेटे क्रधे	तेटे तेटे गिन
X	२	०	३
धा तेटे	क्रधे तेटे गिन	धा गिन	धागे तिंना किन
X	२	०	३
ता तेटे	क्रते तेटे क्रते	तेटे क्रते	तेटे तेटे किन
X	२	०	३
धा तेटे	क्रधे तेटे गिन	धा गिन	धागे धिंना गिन
X	२	०	३

प्रस्तार–४

धा तेटे	क्रधे तेटे तेटे	धा गिन	धागे धिंना गिन
X	२	०	३
धा तेटे	क्रधे तेटे गिन	धा गिन	धागे तिंना किन
X	२	०	३
ता तेटे	क्रते तेटे तेटे	ता किन	ताके तिंना किन
X	२	०	३
धा तेटे	क्रधे तेटे गिन	धा गिन	धागे धिंना गिन
X	२	०	३

प्रस्तार–५

क्रधे तेटे	क्रधे तेटे तेटे	क्रधे तेटे	धागे धिंना गिन
X	२	०	३
धा तेटे	क्रधे तेटे गिन	धा गिन	धागे तिंना किन
X	२	०	३
क्रते तेटे	क्रते तेटे किन	क्रते तेटे	ताके तिंना किन
X	२	०	३
धा तेटे	क्रधे तेटे गिन	धा गिन	धागे धिंना गिन
X	२	०	३

प्रस्तार–६

धा गिन	धागे धिंना गिन	धा गिन	धागे धिंना गिन
X	२	०	३
धा तेटे	क्रधे तेटे गिन	धा गिन	धागे तिंना किन
X	२	०	३
ता किन	ताके तिंना किन	ता किन	ताके तिंना किन
X	२	०	३
धा तेटे	क्रधे तेटे गिन	धा गिन	धागे धिंना गिन
X	२	०	३

तिहाई

क्रधे तेटे	गिन धागे धिंना	गिन धा	क्रधे तेटे गिन
X	२	०	३
धागे धिंना	गिन धा क्रधे	तेटे गिन	धागे धिंना गिन
X	२	०	३
धा			
X			

ताल—झपताल में कायदा

धा घेड़नग	तिरकिट तकतक तिरकिट	धा घेड़नग	तिरकिट तूना किटतक
X	२	०	३
ता केड़नग	तिरकिट तकतक तिरकिट	धा घेड़नग	तिरकिट धिंना किटतक
X	२	०	३

प्रस्तार—१

धा घेड़नग	तिरकिट तकतक तिरकिट	धा घेड़नग	तिरकिट तकतक तिरकिट
X	२	०	३
धा घेड़नग	तिरकिट तकतक तिरकिट	धा घेड़नग	तिरकिट तूना किटतक
X	२	०	३
ता केड़नग	तिरकिट तकतक तिरकिट	ता केड़नक	तिरकिट तकतक तिरकिट
X	२	०	३
धा घेड़नग	तिरकिट तकतक तिरकिट	धा घेड़नग	तिरकिट धिंना किटतक
X	२	०	३

प्रस्तार—२

धा घेड़नग	तिरकिट तकतक तिरकिट	धा घेड़नग	तिरकिट धिंना किटतक
X	२	०	३
धा घेड़नग	तिरकिट तकतक तिरकिट	धा घेड़नग	तिरकिट तूना किटतक
X	२	०	३
ता केड़नग	तिरकिट तकतक तिरकिट	ता केड़नग	तिरकिट तूना किटतक
X	२	०	२
धा घेड़नग	तिरकिट तकतक तिरकिट	धा घेड़नग	तिरकिट धिंना किटतक
X	२	०	३

प्रस्तार—३

धा घेड़नग	धा घेड़नग तिरकिट	धा घेड़नग	तिरकिट धिंना किटतक
X	२	०	३
धा घेड़नग	तिरकिट तकतक तिरकिट	धा घेड़नग	तिरकिट तूना किटतक
X	२	०	३

ता केड़नग	ता केड़नग तिरकिट	ता केड़नग	तिरकिट तूना किटतक
X	२	०	३
धा घेड़नग	तिरकिट तकतक तिरकिट	धा घेड़नग	तिरकिट धिंना किटतक
X	२	०	३

प्रस्तार–४

धा घेड़नग	धाऽघेड़ नगतिर किटतक	धा घेड़नग	तिरकिट धिंना किटतक
X	२	०	३
धा घेड़नग	तिरकिट तकतक तिरकिट	धा घेड़नग	तिरकिट तूना किटतक
X	२	०	३
ता केड़नक	ताऽकेड़ नकतिर किटतक	ता केड़नक	तिरकिट तूना किटतक
X	२	०	३
धा घेड़नग	तिरकिट तकतक तिरकिट	धा घेड़नग	तिरकिट धिंना किटतक
X	२	०	३

प्रस्तार–५

धा घेड़नग	तिरकिट धिंना किटतक	धिंना किटतक	तिरकिट धिंना किटतक
X	२	०	३
धा घेड़नग	तिरकिट तकतक तिरकिट	धा घेड़नग	तिरकिट तूना किटतक
X	२	०	३
ता केड़नग	तिरकिट तूना किटतक	तिंना तिरकिट	तिरकिट तूना किटतक
X	२	०	३
धा घेड़नग	तिरकिट तकतक तिरकिट	धा घेड़नग	तिरकिट धिंना किटतक
X	२	०	३

प्रस्तार–६

तिरकिट धिंना	तिरकिट धिंना किटतक	तिरकिट धिंना	तिरकिट धिंना किटतक
X	२	०	३
धा घेड़नग	तिरकिट तकतक तिरकिट	धा घेड़नग	तिरकिट तूना किटतक
X	२	०	३
तिरकिट तूना	तिरकिट तूना किटतक	तिरकिट तूना	तिरकिट तूना किटतक
X	२	०	३
धा घेड़नग	तिरकिट तकतक तिरकिट	धा घेड़नग	तिरकिट धिंना किटतक
X	२	०	३

तिहाई

तिरकिट धिंना	किटतक तिरकिट धिंना	किटतक धा	तिरकिट धिंना किटतक
X	२	०	३
तिरकिट धिंना	किटतक धा तिरकिट	धिंना किटतक	तिरकिट धिंना किटतक
X	२	०	३
धा			
X			

ताल झपताल में कायदा

तकदिन तकतक	दिनतक तकतिन तिंनाकिट
X	२
तकतिन तकतक	दिनतक तकधिन धिंनाकिट
०	३

प्रस्तार—१

तकदिन तकतक	दिनतक दिनतक तकदिन	तकदिन तकतक	दिनतक तकतिन तिंनाकिट
X	२	०	३
तकतिन तकतक	तिनतक तिनतक तकतिन	तकदिन तकतक	दिनतक तकधिन धिंनाकिट
X	२	०	३

प्रस्तार—२

तकदिन तकदिन	तकतक तकदिन तकतक	तकदिन तकतक	दिनतक तकतिन तिंनाकिट
X	२	०	३
तकतिन तकतिन	तकतक तकतिन तकतक	तकदिन तकतक	दिनतक तकधिन धिंनाकिट
X	२	०	३

प्रस्तार—३

तकदिन तकदिन	तकदिन तकतक तकतक	तकदिन तकतक	दिनतक तकतिन तिंनाकिट
X	२	०	३
तकतिन तकतिन	तकतिन तकतक तकतक	तकदिन तकतक	दिनतक तकधिन धिंनाकिट
X	२	०	३

प्रस्तार—४

तकतक दिनतक	तकदिन तकतक दिनतक	तकदिन तकतक	दिनतक तकतिन तिंनाकिट
X	२	०	३
तकतक तिनतक	तकतिन तकतक तिनतक	तकदिन तकतक	दिनतक तकधिन धिंनाकिट
X	२	०	३

प्रस्तार—५

तकतक तकतक	तकतक तकदिन तकदिन	तकदिन तकतक	दिनतक तकतिन तिंनाकिट
X	२	०	३
तकतक तकतक	तकतक तकतिन तकतिन	तकदिन तकतक	दिनतक तकधिन धिंनाकिट
X	२	०	३

प्रस्तार—६

तकधिन धिंनाकिट	तकधिन तकधिन धिंनाकिट	तकदिन तकतक	दिनतक तकतिन तिंनाकिट
X	२	०	३
तकतिन तिंनाकिट	तकतिन तकतिन तिंनाकिट	तकदिन तकतक	दिनतक तकधिन धिंनाकिट
X	२	०	३

तिहाई

तकधिन तकधिन	धिंनाकिट धाऽतक धिनतक
X	२
धिनधिंना किटधाऽ	तकधिन तकधिन धिंनाकिट
०	३

धा
X

ताल—रूपक में कायदा

धागे तेटे तेटे	धागे तेटे	क्रधा तेटे
०	१	२
धागे तेटे तेटे	धागे नागे	तूना कत्त
०	१	२
ताके तेटे तेटे	ताके तेटे	क्रता तेटे
०	१	२
धागे तेटे तेटे	धागे नागे	धिंना कत्त
०	१	२

प्रस्तार—१

धागे तेटे तेटे	धागे तेटे	क्रधा तेटे	धागे तेटे तेटे	धागे तेटे	क्रधा तेटे
०	१	२	०	१	२
धागे तेटे तेटे	धागे तेटे	क्रधा तेटे	धागे तेटे तेटे	धागे नागे	तूना कत्त
०	१	२	०	१	२
ताके तेटे तेटे	ताके तेटे	क्रता तेटे	ताके तेटे तेटे	ताके तेटे	क्रता तेटे
०	१	२	०	१	२
धागे तेटे तेटे	धागे तेटे	क्रधा तेटे	धागे तेटे तेटे	धागे नागे	धिंना कत्त
०	१	२	०	१	२

प्रस्तार—२

धागे तेटे तेटे	धागे तेटे	क्रधा तेटे	क्रधा तेटे तेटे	क्रधा तेटे	क्रधा तेटे
०	१	२	०	१	२
धागे तेटे तेटे	धागे तेटे	क्रधा तेटे	धागे तेटे तेटे	धागे नागे	तूना कत्त
०	१	२	०	१	२
ताके तेटे तेटे	ताके तेटे	क्रता तेटे	क्रता तेटे तेटे	क्रता तेटे	क्रता तेटे
०	१	२	०	१	२
धागे तेटे तेटे	धागे तेटे	क्रधा तेटे	धागे तेटे तेटे	धागे नागे	धिंना कत्त
०	१	२	०	१	२

प्रस्तार—३

धागे तेटे तेटे	क्रधा तेटे	क्रधा तेटे	धागे तेटे तेटे	धागे नागे	तूना कत्त
०	१	२	०	१	२
ताके तेटे तेटे	क्रता तेटे	क्रता तेटे	धागे तेटे तेटे	धागे नागे	धिंना कत्त
०	१	२	०	१	२

प्रस्तार–४

धागे तेटे क्रधा	तेटे तेटे	क्रधा तेटे	धागे तेटे तेटे	धागे नागे	तूना कत्त
०	१	२	०	१	२
ताके तेटे क्रता	तेटे तेटे	क्रता तेटे	धागे तेटे तेटे	धागे नागे	धिंना कत्त
०	१	२	०	१	२

प्रस्तार–५

धागे तेटे तेटे	धा क्रधा	तेटे तेटे	धागे तेटे तेटे	धागे नागे	तूना कत्त
०	१	२	०	१	२
ताके तेटे तेटे	ता क्रता	तेटे तेटे	धागे तेटे तेटे	धागे नागे	धिंना कत्त
०	१	२	०	१	२

प्रस्तार–६

धा क्रधा तेटे	धा क्रधा	तेटे तेटे	धागे तेटे तेटे	धागे नागे	तूना कत्त
०	१	२	०	१	२
ता क्रता तेटे	ता क्रता	तेटे तेटे	धागे तेटे तेटे	धागे नागे	धिंना कत्त
०	१	२	०	१	२

तिहाई

धागे नागे धिंना	कत्त धा	धागे नागे
०	१	२
धिंना कत्त धा	धागे नागे	धिंना कत्त
०	१	२
धा		
०		

ताल—रूपक में कायदा

धाऽकिट तकतक तिरकिट	धाऽतिर किटतक	तूना किटतक
०	१	२
ताऽकिट तकतक तिरकिट	धाऽतिर किटतक	धिंना किटतक
०	१	२

प्रस्तार—१

धाऽकिट तकतक तिरकिट	धाऽतिर किटतक	धाऽतिर किटतक
०	१	२
धाऽकिट तकतक तिरकिट	धाऽतिर किटतक	तूना किटतक
०	१	२
ताऽकिट तकतक तिरकिट	ताऽतिर किटतक	ताऽतिर किटतक
०	१	२
धाऽकिट तकतक तिरकिट	धाऽतिर किटतक	धिंना किटतक
०	१	२

प्रस्तार—२

धाऽकिट तकतक तिरकिट	धा किटतक	तकतिर किटतक
०	१	२
धाऽकिट तकतक तिरकिट	धाऽतिर किटतक	तूना किटतक
०	१	२
ताऽकिट तकतक तिरकिट	ता किटतक	तकतिर किटतक
०	१	२
धाऽकिट तकतक तिरकिट	धाऽतिर किटतक	धिंना किटतक

प्रस्तार—३

धाऽकिट तकतक तिरकिट	तकतिर किटतक	तकतिर किटतक
०	१	२
धाऽकिट तकतक तिरकिट	धाऽतिर किटतक	तूना किटतक
०	१	२
ताऽकिट तकतक तिरकिट	तकतिर किटतक	तकतिर किटतक
०	१	२
धाऽकिट तकतक तिरकिट	धाऽतिर किटतक	धिंना किटतक
०	१	२

प्रस्तार—४

धाऽकिट तकतक तिरकिट	तकतक तिरकिट	तकतक तिरकिट
०	१	२
धाऽकिट तकतक तिरकिट	धाऽतिर किटतक	तूना किटतक
०	१	२
ताऽकिट तकतक तिरकिट	तकतक तिरकिट	तकतक तिरकिट
०	१	२
धाऽकिट तकतक तिरकिट	धाऽतिर किटतक	धिंना किटतक
०	१	२

प्रस्तार—५

तकतिर किटतक तिरकिट	तकतक तिरकिट	तकतक तिरकिट
०	१	२
धाऽकिट तकतक तिरकिट	धाऽतिर किटतक	तूना किटतक
०	१	२
तकतिर किटतक तिरकिट	तकतक तिरकिट	तकतक तिरकिट
०	१	२
धाऽकिट तकतक तिरकिट	धाऽतिर किटतक	धिंना किटतक
०	१	२

प्रस्तार—६

तिरकिट तकतिर किटतक	तिरकिट तकतिर	किटतक तिरकिट
०	१	२
धाऽकिट तकतक तिरकिट	धाऽतिर किटतक	तूना तिरकिट
०	१	२
तिरकिट तकतिर किटतक	तिरकिट तकतिर	किटतक तिरकिट
०	१	२
धाऽकिट तकतक तिरकिट	धाऽतिर किटतक	धिंना किटतक
०	१	२

तिहाई

धाऽतिर किटतक धिंना	किटतक धा	धाऽतिर किटतक
०	१	२
धिंना किटतक धा	धाऽतिर किटतक	धिंना किटतक
०	१	२

धा

०

ताल–रुपक में कायदा

धागेतेटे धागेत्रक धिंनाकिट	धागेनाधा त्रकधेटे	धागेत्रक तिंनाकिट
०	१	२
ताकेतेटे ताकेत्रक तिंनाकिट	धागेनाधा त्रकधेटे	धागेत्रक धिंनाकिट
०	१	२

प्रस्तार–१

धागेतेटे धागेत्रक धिंनाकिट	धागेत्रक धिंनाकिट	धागेत्रक धिंनाकिट
०	१	२
धागेतेटे धागेत्रक धिंनाकिट	धागेनाधा त्रकधेटे	धागेत्रक तिंनाकिट
०	१	२
ताकेतेटे ताकेत्रक तिंनाकिट	ताकेत्रक तिंनाकिट	ताकेत्रक तिंनाकिट
०	१	२
धागेतेटे धागेत्रक धिंनाकिट	धागेनाधा त्रकधेटे	धागेत्रक धिंनाकिट
०	१	२

प्रस्तार–२

धागेतेटे धागेत्रक धिंनाकिट	धागेतेटे धागेतेटे	धागेत्रक धिंनाकिट
०	१	२
धागेतेटे धागेत्रक धिंनाकिट	धागेनाधा त्रकधेटे	धागेत्रक तिंनाकिट
०	१	२
ताकेतेटे ताकेत्रक तिंनाकिट	ताकेतेटे ताकेतेटे	ताकेत्रक तिंनाकिट
०	१	२
धागेतेटे धागेत्रक धिंनाकिट	धागेनाधा त्रकधेटे	धागेत्रक धिंनाकिट
०	१	२

प्रस्तार–३

धागेनाधा त्रकधागे नाधात्रक	धागेनाधा त्रकधेटे	धागेत्रक तिंनाकिट
०	१	२
ताकेनाता त्रकताके नातात्रक	धागेनाधा त्रकधेटे	धागेत्रक धिंनाकिट
०	१	२

प्रस्तार—४

धागेनाधा गेनाधागे नाधात्रक	धागेनाधा त्रकतेटे	धागेत्रक तिंनाकिट
०	१	२
ताकेनाता केनाताके नातात्रक	धागेनाधा त्रकतेटे	धागेत्रक धिंनाकिट
०	१	२

प्रस्तार—५

धागेनाधा त्रकधेटे धेटेधेटे	धागेनाधा त्रकधेटे	धागेत्रक तिंनाकिट
०	१	२
ताकेनाता त्रकतेटे तेटेतेटे	धागेनाधा त्रकधेटे	धागेत्रक धिंनाकिट
०	१	२

प्रस्तार—६

धेटेधात्र क,धेटेधा त्रकधेटे	धागेनाधा त्रकधेटे	धागेत्रक तिंनाकिट
०	१	२
तेटेतात्र क,तेटेता त्रकतेटे धा	धागेनाधा त्रकधेटे	धागेत्रक धिंनाकिट
०	१	२

तिहाई

धागेनाधा त्रकधेटे धागेत्रक	धिंनाकिट धा	धागेनाधा त्रकधेटे
०	१	२
धागेत्रक धिंनाकिट धा	धागेनाधा त्रकधेटे	धागेत्रक धिंनाकिट
०	१	२

धा
०

ताल—रुपक में कायदा

धाऽघड़ा ऽनधागे तिरकिट	धाऽघड़ा ऽनधागे	तेटेगिन तूनाकत्त
०	१	२
ताऽकड़ा ऽनताके तिरकिट	धाऽघडा ऽनधागे	तेटेगिन धिंनाकत्त
०	१	२

प्रस्तार—१

धाऽघड़ा ऽनधाऽ धाऽघड़ा	ऽनधाऽ धाऽघड़ा	ऽनधागे तेटेगिन
०	१	२
धाऽघड़ा ऽनधागे तिरकिट	धाऽघड़ा ऽनधागे	तेटेगिन तूनाकत्त
०	१	२
ताऽकड़ा ऽनताऽ ताऽकड़ा	ऽनताऽ ताऽकड़ा	ऽनताके तेटेकिन
०	१	२
धाऽघड़ा ऽनधागे तिरकिट	धाऽघड़ा ऽनधागे	तेटेगिन तूनाकत्त
०	१	२

प्रस्तार—२

धाऽघड़ा ऽनधाऽ घड़ाऽन	धाऽघड़ा ऽनघागे	तेटेगिन धिंनाकत्त
०	१	२
धाऽघड़ा ऽनधागे तिरकिट	धाऽघड़ा ऽनधागे	तेटेगिन तूनाकत्त
०	१	२
ताऽकड़ा ऽनताऽ कड़ाऽन	ताऽकड़ा ऽनताके	तेटेकिन तूनाकत्त
०	१	२
धाऽघड़ा ऽनधागे तिरकिट	धाऽघड़ा ऽनधागे	तेटेगिन धिंनाकत्त
०	१	२

प्रस्तार—३

धाऽघड़ा ऽनधागे तिरकिट	घड़ाऽन धागेतिर	किटधागे तेटेगिन
०	१	२
धाऽघड़ा ऽनधागे तिरकिट	धाऽघड़ा ऽनधागे	तेटेगिन तूनाकत्त
०	१	२
ताऽकड़ा ऽनताके तिरकिट	कड़ाऽन ताकेतिर	किटताके तेटेकिन
०	१	२
धाऽघड़ा ऽनधागे तिरकिट	धाऽघड़ा ऽनधागे	तेटेगिन धिंनाकत्त
०	१	२

प्रस्तार—४

धाऽघड़ा ऽनधागे तिरकिट	धागेतिर किटधागे	तिरकिट घड़ाऽन
०	१	२
धाऽघड़ा ऽनधागे तिरकिट	धाऽघड़ा ऽनधागे	तेटेगिन तूनाकत्त
०	१	२
ताऽकड़ा ऽनताके तिरकिट	ताकेतिर किटताके	तिरकिट कड़ाऽन
०	१	२
धाऽघड़ा ऽनधागे तिरकिट	धाऽघड़ा ऽनधागे	तेटेगिन धिंनाकत्त
०	१	२

प्रस्तार—५

धागेतिर किटधागे तिरकिट	धाऽघड़ा ऽनधागे	तिरकिट घड़ाऽन
०	१	२
धाऽघड़ा ऽनधागे तिरकिट	धाऽघड़ा ऽनधागे	तेटेगिन तूनाकत्त
०	१	२
ताकेतिर किटताके तिरकिट	ताऽकड़ा ऽनताके	तिरकिट कड़ाऽन
०	१	२
धाऽघड़ा ऽनधागे तिरकिट	धाऽघड़ा ऽनधागे	तेटेगिन धिंनाकत्त
०	१	२

प्रस्तार—६

धागेतिर किटधागे तिरकिट	घड़ाऽन धागेतिर	किटधागे तिरकिट
०	१	२
धाऽघड़ा ऽनधागे तिरकिट	धाऽघड़ा ऽनधागे	तेटेगिन तूनाकत्त
०	१	२
ताकेतिर किटताके तिरकिट	कड़ाऽन ताकेतिर	किटताके तिरकिट
०	१	२
धाऽघड़ा ऽनधागे तिरकिट	धाऽघड़ा ऽनधागे	तेटेगिन धिंनाकत्त
०	१	२

तिहाई

धाऽघड़ा ऽनधागे तेटेगिन	धिंनाकत्त धा	धाऽघड़ा ऽनधागे
०	१	२
तेटेगिन धिंनाकत्त धा	धाऽघड़ा ऽनधागे	तेटेगिन धिंनाकत्त
०	१	२

धा
०

ताल—एकताल में कायदा

धाते टेध	गिन धागे	तिंना किन
X	०	२
ताते टेत	किन धागे	धिंना गिन
०	३	४

प्रस्तार—१

धाते टेध	गिन धाते	टेध गिन	धाते टेध	गिन धागे	तिंना किन
X	०	२	०	३	४
ताते टेत	किन ताते	टेत किन	धाते टेध	किन धागे	धिंना गिन
X	०	२	०	३	४

प्रस्तार—२

धाते टेधा	तेटे धाते	टेध गिन	धाते टेध	गिन धागे	तिंना किन
X	०	२	०	३	४
ताते टेता	तेटे ताते	टेत किन	धाते टेध	किन धागे	धिंना गिन
X	०	२	०	३	४

प्रस्तार—३

धाते टेधा	तेटे तेटे	तेटे तेटे	धाते टेध	गिन धागे	तिंना किन
X	०	२	०	३	४
ताते टेता	तेटे तेटे	तेटे तेटे	धाते टेध	गिन धागे	धिंना गिन
X	०	२	०	३	४

प्रस्तार—४

गिन धा	गिन धागे	धिंना गिना	धाते टेध	गिन धागे	तिंना किन
X	०	२	०	३	४
किन ता	किन ताके	तिंना किना	धाते टेध	गिन धागे	धिंना गिन
X	०	२	०	३	४

प्रस्तार—५

धागे धिंना	गिन धागे	धिंना गिना	धाते टेध	गिन धागे	तिंना किन
X	०	२	०	३	४
ताके तिंना	किन ताके	तिंना किना	धाते टेध	गिन धागे	धिंना गिन
X	०	२	०	३	४

९

प्रस्तार—६

धागे धिंना	धागे धिंना	धागे धिंना	धाते टेध	गिन धागे	तिंना किन
X	०	२	०	३	४
ताके तिंना	ताके तिंना	ताके तिंना	धाते टेत	गिन धागे	धिंना गिन
X	०	२	०	३	४

तिहाई

धाते टेध	गिन धागे	धिंना गिना
X	०	२
धा ऽ	ऽ धाते	टेध गिन
०	३	४
धागे धिंना	गिना धा	ऽ ऽ
X	०	२
धाते टेध	गिन धागे	धिंना गिन
०	३	४

धा
X

ताल—एकताल में कायदा

धाऽतिरकिटतक	धागेतिरकिट	तकधाऽतिरकिट	धाऽतिरकिटतक
X		०	
धागेतिरकिट	तूनाकिटतक	ताऽतिरकिटतक	ता केतिरकिट
२		०	
तकताऽतिरकिट	धाऽतिरकिटतक	धागेतिरकिट	धिंनाकिटतक
३		४	

प्रस्तार—१

धाऽतिरकिटतक	धागेतिरकिट	तकधाऽतिरकिट	धाऽतिरकिटतक
X		०	
धागेतिरकिट	तकधाऽतिरकिट	धाऽतिरकिटतक	धागेतिरकिट
२		०	
तकधाऽतिरकिट	धाऽतिरकिटतक	धागेतिरकिट	तूनाकिटतक
३		४	
ताऽतिरकिटतक	ताकेतिरकिट	तकताऽतिरकिट	ताऽतिरकिटतक
X		०	
ताकेतिरकिट	तकताऽतिरकिट	धाऽतिरकिटतक	धागेतिरिकिट
२		०	
तकधाऽतिरकिट	धाऽतिरकिटतक	धागेतिरकिट	धिंनाकिटतक
३		४	

प्रस्तार—२

धाऽतिरकिटतक	धागेधाऽतिर	किटतकधागे	धाऽतिरकिटतक	धागेतिरकिट	तकधाऽतिरकिट
X		०		२	
धाऽतिरकिटतक	धागेतिरकिट	तकधाऽतिरकिट	धाऽतिरकिटतक	धागेतिरकिट	तूनाकिटतक
०		३		४	
ताऽतिरकिटतक	ताकेताऽतिर	किटतकताके	ताऽतिरकिटतक	ताकेतिरकिट	तकताऽतिरकिट
X		०		२	
धाऽतिरकिटतक	धागेतिरकिट	तकधाऽतिरकिट	धाऽतिरकिटतक	धागेतिरकिट	धिंनाकिटतक
०		३		४	

प्रस्तार—३

धाऽतिरकिटतक धागेधाऽतिरकिट	तकधाऽतिरकिट धागेतिरकिट	धागेतिरकिट तकधाऽतिकिट
X	०	२
धाऽतिरकिटतक धागेतिरकिट	तकधाऽतिरकिट धाऽतिरकिटतक	धागेतिरकिट तूनाकिटतक
०	३	४
ताऽतिरकिटतक ताकेतिरकिट	तकताऽतिरकिट ताकेतिरकिट	ताकेतिरकिट तकताऽतिरकिट
X	०	२
धाऽतिरकिटतक धागेतिरकिट	तकधाऽतिरकिट धाऽतिरकिटतक	धागेतिरकिट धिंनाकिटतक
०	३	४

प्रस्तार—४

धागेतिरकिट तकधाऽतिरकिट	धागेतिरकिट तकधाऽतिरकिट	धागेतिरकिट तकधाऽतिकिट
X	०	२
धाऽतिरकिटतक धागेधाऽतिर	तकधाऽतिरकिट धाऽतिरकिटतक	धागेतिरकिट तूनाकिटतक
०	३	४
ताकेतिरकिट तकताऽतातिरकिट	ताकेतिरकिट तकताऽतिरकिट	ताकेतिरकिट तकताऽतिरकिट
X	०	२
धाऽतिरकिटतक धागेतिरकिट	तकधाऽतिरकिट धाऽतिरकिटतक	धागेतिरकिट धिंनाकिटतक
०	३	४

प्रस्तार—५

तिरकिटतकधाऽ तिरकिटतकतिर	किटतकतिरकिट धाऽतिरकिटतक	धागेतिरकिट तूनाकिटतक
X	०	२
तिरकिटतकताऽ तिरकिटतकतिर	किटतकतिरकिट धाऽतिरकिटतक	धागेतिरकिट धिंनाकिटतक
०	३	४

प्रस्तार—६

तिरकिटधिंना किटतकतिरकिट	धिंनाकिटतक धाऽतिरकिटतक	धागेतिरकिट तूनाकिटतक
X	०	२
तिरकिटधिंना किटतकतिरकिट	तूनाकिटतक धाऽतिरकिटतक	धागेतिरकिट धिंनाकिटतक
०	३	४

तिहाई

धाऽतिरकिटतक धागेतिरकिट	धिंनाकिटतक धाऽऽऽ	ऽऽधाऽतिर किटतकधागे
X	०	२
तिरकिटधिंना किटतकधाऽ	ऽऽऽऽ धाऽतिरकिटतक	धागेतिरकिट धिंनाकिटतक
०	३	४

धा
X

ताल—एक ताल में कायदा

तिरकिट धागेतेटे	घेड़नग तिरकिट	तूना किटतक
X	०	२
तिरकिट ताकेतेटे	केड़नग तिरकिट	धिंना किटतक
०	३	४

प्रस्तार—१

तिरकिट धागेतेटे	घेड़नग तिरकिट	धागेतेटे घेड़नग
X	०	२
तिरकिट धागेतेटे	घेड़नग तिरकिट	तूना किटतक
०	३	४
तिरकिट ताकेतेटे	केड़नक तिरकिट	ताकेतेटे केड़क
X	०	२
तिरकिट धागेतेटे	घेड़नग तिरकिट	धिंना किटतक
०	३	४

प्रस्तार—२

तिरकिट धागेतेटे	घेड़नग धागेतेटे	धागेतेटे घेड़नग
X	०	२
तिरकिट धागेतेटे	घेड़नग तिरकिट	तूना किटतक
०	३	४
तिरकिट ताकेतेटे	केड़नग ताकेतेटे	ताकेतेटे केड़नक
X	०	२
तिरकिट धागेतेटे	घेड़नग तिरकिट	धिंना किटतक
०	३	४

प्रस्तार—३

तिरकिट धागेतेटे	घेड़नग तेटेघेड़	नगतेटे घेड़नग
X	०	२
तिरकिट धागेतेटे	घेड़नग तिरकिट	तूना किटतक
०	३	४

तिरकिट ताकेतेटे	केड़नग तेटेकेड़	नकतेटे केड़नक
X	०	२
तिरकिट धागेतेटे	घेड़नग तिरकिट	धिंना कि टतक
०	३	४

प्रस्तार—४

धागेतेटे घेड़नग	धागेतेटे घेड़नग	धागेतेटे घेड़नग
X	०	२
तिरकिट धागेतेटे	घेड़नग तिरकिट	तूना कि टतक
०	३	४
ताकेतेटे केड़नक	ताकेतेटे केड़नक	ताकेतेटे केड़तक
X	०	२
तिरकिट धागेतेटे	घेड़नग तिरकिट	धिंना कि टतक
०	३	४

प्रस्तार—५

तिरकिट धिंना	किटतक तिरकिट	धिंना किटतक
X	०	२
तिरकिट धागेतेटे	घेड़नग तिरकिट	तूना कि टतक
०	३	४
तिरकिट तूना	किटतक तिरकिट	तूना किटतक
X	०	२
तिरकिट धागेतेटे	घेड़नग तिरकिट	धिंना कि टतक
०	३	४

प्रस्तार—६

तिरकिट धिंना	तिरकिट धिंना	तिरकिट धिंना
X	०	२
तिरकिट धागेतेटे	घेड़नग तिरकिट	तूना कि टतक
०	३	४
तिरकिट तूना	तिरकिट तूना	तिरकिट तूना
X	०	२
तिरकिट धागेतेटे	घेड़नग तिरकिट	धिंना कि टतक
०	३	४

तिहाई

तिरकिट धिंना	किटतक धाऽ	ऽतिर किटधिं
X	०	२
नाकिट तकधा	ऽऽ तिरकिट	धिंना कि टतक
०	३	४

धा
X

ताल—एकताल में कायदा

धाऽतिरकिटतक धेरधेरकिटतक	धाऽघेड़नग धेरधेरकिटतक	धाऽतिरकिटतक तूऽनाऽकिटतक
X	०	२
ताऽतिरकिटतक तेरतेरकिटतक	ताऽघेड़नग धेरधेरकिटतक	धाऽतिरकिटतक धिंनाकिटतक
०	३	४

प्रस्तार—१

धाऽतिरकिटतक धेरधेरकिटतक	धाऽघेड़नग धेरधेरकिटतक	धेरधेरकिटतक धाऽघेड़नग
X	०	२
धाऽतिरकिटतक धेरधेरकिटतक	धाऽघेड़नग धेरधेरकिटतक	धाऽतिरकिटतक तूऽनाऽकिटतक
०	३	४
ताऽतिरकिटतक तेरतेरकिटतक	ताऽकेड़नग तेरतेरकिटतक	तेरतेरकिटतक ताऽकेड़नग
X	०	२
धाऽतिरकिटतक धेरधेरकिटतक	धाऽघेड़नग धेरधेरकिटतक	धाऽतिरकिटतक धिंऽनाऽकिटतक
०	३	४

प्रस्तार—२

धाऽतिरकिटतक धेरधेरकिटतक	धेरधेरकिटतक धाऽतिरकिटतक	धेरधेरकिटतक धेरधेरकिटतक
X	०	२
धाऽतिरकिटतक धेरधेरकिटतक	धाऽघेड़नग धेरधेरकिटतक	धाऽतिरकिटतक तूऽनाऽकिटतक
०	३	४
ताऽतिरकिटतक तेरतेरकिटतक	तेरतेरकिटतक ताऽतिरकिटतक	तेरतेरकिटतक तेरतेरकिटतक
X	०	२
धाऽतिरकिटतक धेरधेरकिटतक	धाऽघेड़नग धेरधेरकिटतक	धाऽतिरकिटतक धिंऽनाऽकिटतक
०	३	४

प्रस्तार—३

धाऽतिरकिटतक धेरधेरकिटतक	धाऽघेड़नग धेरधेरकिटतक	धाऽघेड़नग धेरधेरकिटतक
X	०	२
धाऽतिरकिटतक धेरधेरकिटतक	धाऽघेड़नग धेरधेरकिटतक	धाऽतिरकिटतक तूऽनाऽकिटतक
०	३	४
ताऽतिरकिटतक तेरतेरकिटतक	ताऽकेड़नग तेरतेरकिटतक	ताऽकेड़नग तेरतेरकिटतक
X	०	२
धाऽतिरकिटतक धेरधेरकिटतक	धाऽघेड़नग धेरधेरकिटतक	धाऽतिरकिटतक धिंऽनाऽकिटतक
०	३	४

प्रस्तार–४

धाऽतिरकिटतक धेरधेरकिटतक	धा घेड़नगधेरधेर	किटतकघेड़नग धेरधेरकिटतक
X	०	२
धाऽतिरकिटतक धेरधेरकिटतक	धाऽघेड़नग धेरधेरकिटतक	धाऽतिरकिटतक तूऽनाऽकिटतक
०	३	४
ताऽतिरकिटतक तेरतेरकिटतक	ता केड़नगतेरतेर	किटतककेड़नक तेरतेरकिटतक
X	०	२
धाऽतिरकिटतक धेरधेरकिटतक	धाऽघेड़नग धेरधेरकिटतक	धाऽतिरकिटतक धिंऽनाऽकिटतक
०	३	४

प्रस्तार–५

घेड़नगधेरधेर किटतकघेड़नग	धेरधेरकिटतक धेरधेरकिटतक	धाऽतिरकिटतक तूऽनाऽकिटतक
X	०	२
केड़नगतेरतेर किटतककेड़नक	तेरतेरकिटतक धेरधेरकिटतक	धाऽतिरकिटतक धिंऽनाऽकिटतक
०	३	४

प्रस्तार–६

घेड़नगघेड़नग धेरधेरकिटतक	घेड़नगघेड़नग धेरधेरकिटतक	धाऽतिरकिटतक तूऽनाऽकिटतक
X	०	२
केड़नककेड़नक तेरतेरकिटतक	घेड़नगघेड़नग धेरधेरकिटतक	धाऽतिरकिटतक धिंऽनाऽकिटतक
०	३	४

तिहाई

धेरधेरकिटतक धाऽतिरकिटतक	धिंऽनाऽकिटतक धाऽ
X	०
ऽधेरधेर किटतकधाऽतिर	किटतकधिंऽनाऽ किटतकधा
२	०
ऽऽ धेरधेरकिटतक	धाऽतिरकिटतक धिंऽनाऽकिटतक
३	४

आड़ाचार ताल में कायदा

X	२	०
धागेत्रक धीनागीना	धागेनागे धीनागीना	धाऽगीना धागेनागे
३	०	४
तीनाकीना ताकेत्रक	तीनाकीना ताकेनाके	तीनाकीना धाऽगीना
०		
धागेनागे धीनागीना		

प्रस्तार—१

X	२	०
धागेत्रक धीनागीना	धागेनागे धीनागीना	धाऽगीना धाऽगीना
३	०	४
धाऽगीना धागेत्रक	धीनागीना धागेनागे	धीनागीना धाऽगीना
०	X	२
धागेनागे तीनाकीना	ताकेत्रक तीनाकीना	ताकेनाके तीनाकीना
०	३	०
ताऽकीना ताऽकीना	ताऽकीना धागेत्रक	धीनागीना धागेनागे
४	०	
धीनागीना धाऽगीना	धागेनागे धीनागीना	

प्रस्तार—२

X	२	०
धागेत्रक धीनागीना	त्रकधीना गीनात्रक	धीनागीना धागेनागे
३	०	४
धीनागीना धागेत्रक	धीनागीना धागेनागे	धीनागीना धाऽगीना
०	X	२
धागेनागे तीनाकीना	ताकेत्रक तीनाकीना	त्रकतीना कीनात्रक
०	३	०
तीनाकीना ताकेनाके	तीनाकीना धागेत्रक	धीनागीना धागेनागे
४	०	
धीनागीना धाऽगीना	धागेनागे धीनागीना	

प्रस्तार—३

X	२	०
धागेत्रक धागेत्रक	धागेत्रक धीनागीना	धाऽगीना धागेनागे
३	०	४
तीनाकीना ताकेत्रक	ताकेत्रक ताकेत्रक	धीनागीना धाऽगीना
०		
धागेनागे धीनागीना		

प्रस्तार—४

X	२	०
धागेत्रक धाऽगीना	धागेनागे धीनागीना	धाऽगीना धागेनागे
३	०	४
तीनाकीना तागेत्रक	ताऽकीना ताकेनाके	धीनागीना धाऽगीना
०		
धागेनागे धीनागीना		

प्रस्तार—५

X	२	०
धागेत्रक धीनागीना	धागेनागे धीनागीना	धाऽगीना धागेनागे
३	०	४
तीनाकीना ताकेनाके	तीनाकीना ताकेनाके	तीनाकीना धाऽगीना
०		
धागेनागे धीनागीना		

तिहाई

X	२	०
धाऽगीना धाऽगीना	धागेनागे धीनागीना	धाऽऽऽ धाऽगीना
३	०	४
धाऽगीना धागेनागे	धीनागीना ताकेनाके	धाऽगीना धाऽगीना
०	X	
धागेनागे धीनागीना	धा	

आड़ाचार ताल में कायदा

X	२
धातिरकिटतक धेरधेरकिटतक	धाऽऽऽकिटतक धेरधेरकिटतक
०	३
धातिरकिटतक धातिरकिटतक	तिंऽनाऽकिटतक तातिरकिटतक
०	४
तेरतेरकिटतक ताऽऽऽकिटतक	तेरतेरकिटतक धाऽतिरकिटतक
०	
धातिरकितक धिंऽनाऽकिटतक	

प्रस्तार–१

X	२
धातिरकिटतक धेरधेरकिटतक	धातिरकिटतक धेरधेरकिटतक
०	३
धातिरकिटतक धेरधेरकिटतक	धाऽऽऽकिटतक धातिरकिटतक
०	४
धेरधेरकिटतक धाऽऽऽकिटतक	धेरधेरकिटतक धाऽतिरकिटतक
०	X
धातिरकिटतक तिंऽनाऽकिटतक	तातिरकिटतक तेरतेरकिटतक
२	०
तातिरकिटतक तेरतेरकिटतक	तातिरकिटतक तेरतेरकिटतक
३	०
ताऽऽऽकिटतक धातिरकिटतक	धेरधेरकिटतक धाऽऽऽकिटतक
४	०
धेरधेरकिटतक धातिरकिटतक	धातिरकिटतक धिंऽनाऽकिटतक

प्रस्तार–२

X	२
धातिरकिटतक धेरधेरकिटतक	धाऽऽऽकिटतक धाऽऽऽकिटतक
०	३
धेरधेरकिटतक धातिरकिटतक	तिंऽनाऽकिटतक तातिरकिटतक

०	४
तेरतेरकिटतक ताऽऽऽकिटतक	ताऽऽऽकिटतक धेरधेरकिटतक
०	
धातिरकिटतक धिंऽनाऽकिटतक	

प्रस्तार–३

X	२
धातिरकिटतक धेरधेरकिटतक	धेरधेरकिटतक धेरधेरकिटतक
०	३
धाऽकिटतक धातिरकिटतक	तिंऽनाऽकिटतक तातिरकिटतक
०	४
तेरतेरकिटतक तेरतेरकिटतक	तेरतेरकिटतक धाऽऽऽकिटतक
०	
धातिरकिटतक धिंऽनाऽकिटतक	

प्रस्तार–४

X	२
धेरधेरकिटतक धातिरकिटतक	धाऽऽऽकिटतक धेरधेरकिटतक
०	३
धेरधेरकिटतक धातिरकिटतक	तिंऽनाऽकिटतक तेरतेरकिटतक
०	४
तातिरकिटतक ताऽऽऽकिटतक	तेरतेरकिटतक धेरधेरकिटतक
०	
धातिरकिटतक धिंऽनाऽकिटतक	

तिहाई

X	२	०
धेरधेरकिटतक धाऽऽऽकिटतक	धातिरकिटतक धिंऽनाऽकिटतक	धाऽऽऽ धेरधेरकिटत
X	२	०
धाऽऽऽकिटतक धातिरकिटतक	धिंऽनाऽकिटतक धाऽऽऽ	धेरधेरकिटतक धाऽऽकिटत
०	X	
धातिरकिटतक धिंऽनाऽकिटतक	धा	

आड़ाचारताल में कायदा

X	२	०
घेनगेत किटघेना	तेटेकिट घेनातेटे	तेटेघेन तकधिन
३	०	४
तूनाकत्त केनकेत	किटकेना तेटेकिट	केनातेटे तेटेघेन
०		
तकधिन धिंनाकत्त		

प्रस्तार–१

X	२	०	३
घेनगेत किटघेन	धेनगेत किटधेन	धेनगेत किटधेन	तेटेकिट धेनगेत
०	४	०	X
किटधेना तेटेकिट	धेनातेटे तेटेघेन	तकधिन तूनाकत्त	केनकेत किटकेन
२	०	३	०
केनकेत किटकेन	केनकेत किटकेन	तेटेकिट घेनकेत	किटघेना तेटेकिट
४	०		
धेनातेटे तेटेघेन	तकधिन धिंनाकत्त		

प्रस्तार–२

X	२	०	३
घेनगेत किटघेना	तेटेघेना तेटेघेना	तेटेघेन तकधिन	तूनाकत्त केनकेत
०	४	०	
किटकेना तेटेकेना	तेटेकेना तेटेकिट	तकधिन धिंनाकत्त	

प्रस्तार–३

X	२	०	३
घेनगेत किटघेना	तेटेघेन तेटेघेन	तेटेघेन तकधिन	तूनाकत्त केनकेत
०	४	०	
किटकेना तेटेकेन	तेटेकेन तेटेघेन	तकधिन धिंनाकत्त	

प्रस्तार—४

X		२		०		३	
घेनातेटे	किटघेना	तेटेकिट	घेनातेटे	किटतक	तकधिन	तूनाकत्त	केनाकेत
०		४		०			
किटकेना	तेटेकिट	केनातेटे	किटतक	तकधिन	धिंनाकत्त		

प्रस्तार—५

X		२		०		३	
घेनातेटे	किटतक	तकधिन	धिंनाकत्त	तकधिन	तकधिन	तूनाकत्त	केनातेटे
०		४		०			
किटतक	तकतिन	तूनाकत्त	तकधिन	तकधिन	धिंनाकत्त		

प्रस्तार—६

X		२		०		३	
तकधिन	धिंनाकत्त	तकधिन	धिंनाकत्त	तकधिन	तकधिन	तूनाकत्त	तकतिन
०		४		०			
तूनाकत्त	तकतिन	तूनाकत्त	तकधिन	तकधिन	धिंनाकत्त		

तिहाई

X		२		०		३	
तकधिन	तकधिंन	तकधिन	धिंनाकत्त	धाऽऽऽ	तकधिन	तकधिन	तकधिन
०		४		०		X	
धिनाकत्त	धाऽऽऽ	तकधिन	तकधिन	तकधिन	धिंनाकत्त	धा	

आड़ाचार ताल में आड़लय का कायदा

X	२	०	३
धातेटे धगिन	धातेटे धेतेटे	धगिन धागेतिं	नाकिना तातेटे
०	४	०	
तकिन तातेटे	धेतेटे धगिन	धागेधिं नागिन	

प्रस्तार–१

X	२	०	३
धातेटे धगिन	धातेटे धगिन	धातेटे धगिन	धातेटे धातेटे
०	४	०	X
धगिन धातेटे	धेतेटे धगिन	धागेतिं नाकिन	तातेटे तकिन
२	०	३	०
तातेटे तकिन	तातेटे तकिन	तातेटे धातेटे	धगिन धातेटे
४	०		
धेतेटे धगिन	धागेधिं नागिन		

प्रस्तार–२

X	२	०	३
धातेटे धगिन	धातेटे धेतेटे	धातेटे धेतेटे	धगिन धातेटे
०	४	०	X
धगिन धातेटे	धेतेटे धगिन	धागेतिं नाकिन	तातेटे तकिन
२	०	३	०
तातेटे तेतेटे	तातेटे तेतेटे	ताकिन धातेटे	धगिन धातेटे
४	०		
धेतेटे धगिन	धागेधिं नागिन		

प्रस्तार–३

X	२	०	३
धातेटे धगिन	धातेटे धातेटे	धातेटे धेतेटे	धगिन धातेटे
०	४	०	X
धगिन धातेटे	धेतेटे धगिन	धागेतिं नाकिन	तातेटे तकिन

२	०	३	०
तातेटे तातेटे	तातेटे तेतेटे	ताकिन धातेटे	धगिन धातेटे
४	०		
धेतेटे धगिन	धागेधिं नागिन		

प्रस्तार–४

X	२	०	३
धातेटे धगिन	धातेटे धेतेटे	धेतेटे धेतेटे	धगिन धातेटे
०	४	०	X
धगिन धातेटे	धेतेटे धगिन	धागेतिं नाकिन	तातेटे तकिन
२	०	३	०
तातेटे तेतेटे	तेतेटे तेतेटे	ताकिन धातेटे	धगिन धातेटे
४	०		
धेतेटे धगिन	धागेधिं नागिन		

प्रस्तार–५

X	२	०	३
धातेटे धगिन	धेटेधे टेधेटे	धगिन धागेधिं	नागिन धातेटे
०	४	०	X
धगिन धातेटे	धेतेटे धगिन	धागेतिं नाकिन	तातेटे तकिन
२	०	३	०
तेटेते टेतेटे	तकिन ताकेतिं	नाकिन धातेटे	धगिन धातेटे
४	०		
धेतेटे धगिन	धागेधिं नागिन		

तिहाई–१

X	२	०	३
धेतेटे धगिन	धागेधिं नागिन	धाऽऽ धेतेटे	धगिन धागेधिं
०	४	०	X
नागिन धाऽऽ	धेतेटे धगिन	धागेधिं नागिन	धा

तिहाई–२

X	२	०	३
धातेटे धगिन	धातेटे धेतेटे	धाऽऽ धातेटे	धगिन धातेटे
०	४	०	X
धेतेटे धाऽऽ	धातेटे धगिन	धातेटे धेतेटे	धा

बाँट—तीनताल

X	२
धीगे धीना तिरकिट धीना	धागे नाती केती नाड़ा
०	३
तीके तीना तिरकिट धीना	धागे नाधी गेधी नाड़ा

प्रस्तार—१

X	२
धीगे धीना तिरकिट धीना	धीगे धीना तिरकिट धीना
०	३
धीगे धीना तिरकिट धीना	धागे नाती केती नाड़ा
X	२
तीके तीना तिरकिट तीना	तीके तीना तिरकिट तीना
०	३
धीगे धीना तिरकिट धीना	धागे नाधी गेधी नाड़ा

प्रस्तार—२

X	२
धीगे धीना धीगे धीना	धीगे धीना तिरकिट धीना
०	३
धीगे धीना तिरकिट धीना	धागे नाती केती नाड़ा
X	२
तीके तीना तीके तीना	तीके तीना तिरकिट तीना
०	३
धीगे धीना तिरकिट धीना	धागे नाधी गेधी नाड़ा

प्रस्तार—३

X	२
धीगे धीगे धीगे धीना	धीगे धीना तिरकिट धीना
०	३
धीगे धीना तिरकिट धीना	धागे नाती केती नाड़ा

X	२
तीके तीके तीके तीना	तीके तीना तिरकिट तीना
०	३
धीगे धीना तिरकिट धीना	धागे नाधी गेधी नाड़ा

प्रस्तार–४

X	२
धीगे धीना तिरकिट धीगे	धीना तिरकिट धीगे धीना
०	३
धीगे धीना तिरकिट धीना	धागे नाती केती नाड़ा
X	२
तीके तीना तिरकिट तीके	तीना तिरकिट तीके तीना
०	३
धीगे धीना तिरकिट धीना	धागे नाधी गेधी नाड़ा

प्रस्तार–५

X	२
धीगे धीना तिरकिट धीना	तिरकिट धीना तिरकिट धीना
०	३
धीगे धीना तिरकिट धीना	धागे नाती केती नाड़ा
X	२
तीके तीना तिरकिट तीना	तिरकिट तीना तिरकिट तीना
०	३
धीगे धीना तिरकिट धीना	धागे नाधी गेधी नाड़ा

प्रस्तार–६

X	२
धागे नाती केती नाड़ा	तागे नाधी गेधी नाड़ा
०	३
धागे नाती केती नाड़ा	तागे नाधी गेधी नाड़ा

X	२
धागे नाती केती नाड़ा	तागे नाधी गेधी नाड़ा
०	३
धागे नाती केती नाड़ा	तागे नाधी गेधी नाड़ा

तिहाई

X	२
धागे नाधी गेधी नाड़ा	धा ऽ धागे नाधी
०	३
गेधी नाड़ा धा ऽ	धागे नाधी गेधी नाड़ा
X	
धा	

बाँट—तीनताल

X				२			
धात्रकधे	तेटेगिन	धाड़ागिन	तूनाकत्त	धाड़ागिन	धाड़ागिन	धाड़ागिन	तूनाकत्त
०				३			
तात्रकते	तेटेकिन	ताड़ाकिन	तूनाकत्त	धाड़ागिन	धाड़ागिन	धाड़ागिन	धिनाकत्त

प्रस्तार—१

X				२			
धात्रकधे	तेटेगिन	धाड़ागिन	तूनाकत्त	धात्रकधे	तेटेगिन	धाड़गिन	तूनाकत्त
०				३			
धात्रकधे	तेटेगिन	धाड़ागिन	तूनाकत्त	धाड़ागिन	धाड़ागिन	धाड़ागिन	तूनाकत्त
X				२			
तात्रकते	तेटेकिन	ताड़ाकिन	तूनाकत्त	तात्रकते	तेटेकिन	ताड़ाकिन	तूनाकत्त
०				३			
धात्रकधे	तेटेगिन	धाड़ागिन	तूनाकत्त	धाड़ागिन	धाड़ागिन	धाड़ागिन	धिंनाकत्त

प्रस्तार—२

X				२			
धात्रकधे	तेटेगिन	धात्रकधे	तेटेगिन	धात्रकधे	तेटेगिन	धाड़गिन	तूनाकत्त
०				३			
धात्रकधे	तेटेगिन	धाड़ागिन	तूनाकत्त	धाड़ागिन	धाड़ागिन	धाड़ागिन	तूनाकत्त
X				२			
तात्रकते	तेटेकिन	तात्रकते	तेटेकिन	तात्रकते	तेटेकिन	ताड़ाकिन	तूनाकत्त
०				३			
धात्रकधे	तेटेगिन	धाड़ागिन	तूनाकत्त	धाड़ागिन	धाड़ागिन	धाड़ागिन	धिंनाकत्त

प्रस्तार—३

X				२			
धात्रकधे	तेटेगिन	धाड़ागिन	धात्रकधे	तेटेगिन	धाड़ागिन	धाड़गिन	तूनाकत्त
०				३			
धात्रकधे	तेटेगिन	धाड़ागिन	तूनाकत्त	धाड़ागिन	धाड़ागिन	धाड़ागिन	तूनाकत्त

X	२
तात्रकते तेटेकिन ताड़ाकिन तात्रकते	तेटेकिन ताड़ाकिन ताड़ाकिन तूनाकत्त
०	३
धात्रकधे तेटेगिन धाड़ागिन तूनाकत्त	धाड़ागिन धाड़ागिन धाड़ागिन धिंनाकत्त

प्रस्तार—४

X	२
धाड़ागिन धाड़ागिन धाड़ागिन तूनाकत्त	ताड़ाकिन ताड़ाकिन धाड़ागिन धिनाकत्त
०	३
धाड़ागिन धाड़ागिन धाड़ागिन तूनाकत्त	ताड़ाकिन ताड़ाकिन धाड़ागिन धिंनाकत्त

प्रस्तार—५

X	२
धाड़ागिन धाड़ागिन तूनाकत्त धाड़ागिन	तूनाकत्त धाड़ागिन धाड़ागिन तूनाकत्त
०	३
ताड़ाकिन ताड़ाकिन तूनाकत्त धाड़ागिन	तूनाकत्त धाड़ाकिन धाड़ागिन धिंनाकत्त

प्रस्तार—६

X	२
धाड़ागिन धाड़ागिन धाड़ागिन धाड़ागिन	धाड़ागिन धाड़ागिन धाड़ागिन तूनाकत्त
०	३
ताड़ाकिन ताड़ाकिन ताड़ाकिन ताड़ाकिन	धाड़ागिन धाड़ाकिन धाड़ागिन धिंनाकत्त

तिहाई

X	२
धाड़ागिन धाड़ागिन धाड़ागिन धिंनाकत्त	धा ऽ धाड़ागिन धाड़ागिन
०	३
धाड़ागिन धिंनाकत्त धा ऽ	धाड़ागिन धाड़ाकिन धाड़ागिन धिंनाकत्त
X	
धा	

बाँट—तीनताल

X	२
धाड़ धाधे तेटे धाड़	धाड़ धातिं नतिं नाड़
०	३
ताड़ ताते तेटे ताड़	धाड़ धाधिं नधिं नाड़

प्रस्तार—१

X	२
धाड़ धाधे तेटे धाड़	धाड़ धाधे तेटे धाड़
०	३
धाड़ धाधे तेटे धाड़	धाऽ धातिं नतिं नाड़
X	२
ताड़ ताते तेटे ताड़	ताड़ ताते तेटे ताड़
०	३
धाड़ धाधे तेटे धाड़	धाड़ धाधिं नाधिं नाड़

प्रस्तार—२

X	२
धाड़ धाधे तेटे धाड़	धाधे तेटे धाड़ धाड़
०	३
धाड़ धाधे तेटे धाड़	धाड़ धातिं नतिं नाड़
X	२
ताड़ ताते तेटे ताड़	ताते तेटे ताड़ ताड़
०	३
धाड़ धाधे तेटे धाड़	धाड़ धाधिं नधिं नाड़

प्रस्तार—३

X	२
धाड़ धाड़ धाड़ धाधे	तेटे धाड़ धाधे तेटे
०	३
धाड़ धाधे तेटे धाड़	धाड़ धातिं नतिं नाड़

X	२
ताड़ ताड़ ताड़ ताते	तेटे ताड़ ताते तेटे
०	३
धाड़ धाधे तेटे ताड़	धाड़ धाधिं नधिं नाड़

प्रस्तार–४

X	२
धेते टेधे तेटे धाड़	धाड़ धाधिं नधिं नाड़
०	३
धाड़ धाधे तेटे धाड़	धाड़ धातिं नतिं नाड़
X	२
तेते टेते तेटे ताड़	ताड़ ततिं नतिं नाड़
०	३
धाड़ धाधे तेटे धाड़	धाड़ धाधिं नधिं नाड़

प्रस्तार–५

X	२
धेते टेधे तेटे धाड़	धाड़ धातिं नतिं नाड़
०	३
तेते टेते तेटे ताड़	धाड़ धाधिं नधिं नाड़

प्रस्तार–६

X	२
धाड़ धतिं नतिं नाड़	ताड़ धाधिं नधिं नाड़
०	३
धाड़ धातिं नतिं नाड़	ताड़ धाधिं नधिं नाड़

तिहाई

X	२
धाड़ धधिं नधिं नाड़	धा ऽ धाड़ धाधिं
०	३
नधिं नाड़ धा ऽ	धाड़ धाधिं नधिं नाड़
X	
धा	

बाँट—तीनताल

X	२
धा घेड़नग तकधिन धिंनाकिट	धाऽतिर किटधागे तकतिन तिंनाकिट
०	३
ता केड़नग तकतिन तिंनाकिट	धाऽतिर किटधागे तकधिन धिंनाकिट

प्रस्तार—१

X	२
धा घेड़नग तकधिन धिंनाकिट	धा घेड़नग तकधिन धिंनाकिट
०	३
धा घेड़नग तकधिन धिंनाकिट	धाऽतिर किटधागे तकधिन तिंनाकिट
X	२
ता केड़नक तकतिन तिंनाकिट	ता केड़नग तकतिन तिंनाकिट
०	३
धा घेड़नग तकधिन धिंनाकिट	धाऽतिर किटधागे तकधिन धिंनाकिट

प्रस्तार—२

X	२
धा घेड़नग धा घेड़नग	धा घेड़नग तकधिन धिंनाकिट
०	३
धा घेड़नग तकधिन धिंनाकिट	धाऽतिर किटधागे तकधिन तिंनाकिट
X	२
ता केड़नक ता केड़नक	ता केड़नक तकतिन तिंनाकिट
०	३
धा घेड़नग तकधिन धिंनाकिट	धाऽतिर किटधागे तकधिन धिंनाकिट

प्रस्तार—३

X	२
धा घेड़नग तकधिन धा	घेड़नग तकधिन तकधिन धिंनाकिट
०	३
धा घेड़नग तकधिन धिंनाकिट	धाऽतिर किटधागे तकधिन तिंनाकिट

X	२
ता केड़नग तकतिन ता	केड़नक तकतिन तकतिन तिंनाकिट
०	३
धा घेड़नग तकधिन धिंनाकिट	धाऽतिर किटधागे तकधिन धिंनाकिट

प्रस्तार—४

X	२
धा घेड़नग तकधिन धिंनाकिट	तकधिन धिंनाकिट तकधिन धिंनाकिट
०	३
धा घेड़नग तकधिन धिंनाकिट	धाऽतिर किटधागे तकधिन तिंनाकिट
X	२
ता केड़नग तकतिन तिंनाकिट	तकतिन तिंनाकिट तकतिन तिंनाकिट
०	३
धा घेड़नग तकधिन धिंनाकिट	धाऽतिर किटधागे तकधिन धिंनाकिट

प्रस्तार—५

X	२
धाऽतिर किटधागे तकतिन तिंनाकिट	ताऽतिर किटधागे तकधिन धिंनाकत
०	३
धाऽतिर किटधागे तकतिन तिंनाकिट	ताऽतिर किटधागे तकधिन धिंनाकिट

प्रस्तार—६

X	२
धाऽतिर किटधागे तकतिन तिंनाकिट	तकतिन तिंनाकिट तकतिन तिंनाकत
०	३
ताऽतिर किटधागे तकधिन धिंनाकिट	तकधिन धिंनाकिट तकधिन धिंनाकिट

प्रस्तार—७

X	२
तकतिन तिंनाकिट तकधिन धिंनाकिट	तकतिन तिंनाकिट तकधिन धिंनाकट
०	३
तकतिन तिंनाकिट तकधिन धिंनाकिट	तकतिन तिंनाकिट तकधिन धिंनाकिट

तिहाई

X				२			
तकधिन	धिंनाकिट	तकधिन	धिंनाकिट	धा	ऽ	तकधिन	धिंनाकिट
०				३			
तकधिन	धिंनाकिट	धा	ऽ	तकधिन	धिंनाकिट	तकधिन	धिंनाकिट
X							
धा							

बाँट—झपताल

X	२	०	३
घिना तेटे	धाते टेधे तेटे	घिना तेटे	धागे तिंना किट
X	२	०	३
किना तेटे	ताते टेते तेटे	घिना तेटे	धागे धिंना किट

प्रस्तार—१

X	२	०	३
घिना तेटे	धाते टेधे तेटे	घिना तेटे	धाते टेधे तेट
X	२	०	३
घिना तेटे	धाते टेधे तेटे	घिना तेटे	धागे तिंना किट
X	२	०	३
किना तेटे	ताते टेते तेटे	किना तेटे	ताते टेते तेटे
X	२	०	३
घिना तेटे	धाते टेधे तेटे	घिना तेटे	धागे धिंना किट

प्रस्तार—२

X	२	०	३
घिना तेटे	धाते टेधे तेटे	तेटे घिना	धाते टेधे तेट
X	२	०	३
घिना तेटे	धाते टेधे तेटे	घिना तेटे	धागे तिंना किट
X	२	०	३
किना तेटे	ताते टेते तेटे	तेटे किना	ताते टेते तेटे
X	२	०	३
घिना तेटे	धाते टेधे तेटे	घिना तेटे	धागे धिंना किट

प्रस्तार—३

X	२	०	३
घिना तेटे	धाते टेधे तेटे	धेटे धेटे	धेते टेधे तेटे
X	२	०	३
घिना तेटे	धाते टेधे तेटे	घिना तेटे	धागे तिंना किट

X	२	०	३
किना तेटे	ताते टेते तेटे	तेटे तेटे	तेते टेते तेटे
X	२	०	३
घिना तेटे	धाते टेधे तेटे	घिना तेटे	धागे धिंना किट

प्रस्तार—४

X	२	०	३
घिना तेटे	धागे तिंना किट	किना तेटे	धागे धिंना किट
X	२	०	३
घिना तेटे	धागे तिंना किट	किना तेटे	धागे धिंना किट

प्रस्तार—५

X	२	०	३
घिना तेटे	तेटे धिना तेटे	घिना तेटे	धागे तिंना किट
X	२	०	३
किना तेटे	तेटे किना किट	धिना तेटे	धागे धिंना किट

प्रस्तार—६

X	२	०	३
धागे धिंनां	धागे तिंना किट	ताके तिंना	धागे धिंना किट
X	२	०	३
धागे धिंना	धागे तिंना किट	ताके तिंना	धागे धिंना किट

तिहाई

X	२	०	३
धागे धिंना	किट धागे धिंना	किट धा	धागे धिंना किट
X	२	०	३
धागे धिंना	किट धा धागे	धिंना किट	धागे धिंना किट
X			
धा			

बाँट—झपताल

X	धात्रकधे तेटेगिन	२	धाऽघिन धाड़ागिन तूनाकत्त
०	तात्रकते तेटेकिन	३	धाऽघिन धाड़ागिन धिंनाकत्त

प्रस्तार—१

X	धात्रकधे तेटेगिन	२	धात्रकधे तेटेगिन धाऽघिन
०	धात्रकधे तेटेगिन	३	धाऽघिन धाड़ागिन तूनाकत्त
X	तात्रकते तेटेकिन	२	तात्रकते तेटेकिन ताऽकिन
०	धात्रकधे तेटेगिन	३	धाऽघिन धाड़ागिन धिंनाकत्त

प्रस्तार—२

X	धात्रकधे तेटेगिन	२	धाड़गिन तेटेगिन धाड़ागिन
०	धात्रकधे तेटेगिन	३	धाऽगिन धाड़ागिन तूनाकत्त
X	तात्रकते तेटेकिन	२	ताड़ाकिन तेटेकिन ताड़ाकिन
०	धात्रकधे तेटेगिन	३	धाऽघिन धाड़ागिन धिंनाकत्त

प्रस्तार—३

X	धात्रकधे तेटेगिन	२	धाऽगिन तेटेगिन धाऽागिन
०	धात्रकधे तेटेगिन	३	धाऽगिन धाड़ागिन तूनाकत्त
X	तात्रकते तेटेकिन	२	ताऽकिन तेटेकिन ताऽकिन
०	धात्रकधे तेटेगिन	३	धाऽघिन धाड़ागिन धिंनाकत्त

प्रस्तार—४

X		२		
धात्रकधे	तेटेगिन	धाऽगिन	तेटेगिन	धाऽगिन
०		३		
धात्रकधे	तेटेगिन	धाऽगिन	धाड़ागिन	तूनाकत्त
X		२		
तात्रकते	तेटेकिन	ताऽकिन	तेटेकिन	ताऽकिन
०		३		
धात्रकधे	तेटेगिन	धाऽघिन	धाड़ागिन	धिंनाकत्त

प्रस्तार—५

X		२		
धाड़ागिन	तूनाकत्त	धाड़ागिन	धाड़ागिन	तूनाकत्त
०		३		
ताड़ाकिन	तूनाकत्त	धाड़ागिन	धाड़ागिन	धिंनाकत्त

प्रस्तार—६

X		२		
गिनधाड़ा	गिनतूना	कत्तगिन	धाड़ागिन	धिंनाकत्त
०		३		
गिनधाड़ा	गिनतूना	कत्तगिन	धाड़ागिन	धिंनाकत्त

तिहाई—१

X		२		
कत्तगिन	धाड़ागिन	धिंनाकत्त	धाऽकत्त	गिनधाड़ा
०		३		
गिनधिंना	कत्तधाऽ	कत्तगिन	धाड़ागिन	धिंनाकत्त
X				
धा				

तिहाई—२

X		२		
धाड़ागिन	धाड़ागिन	धिंनाकत्त	धाऽधाड़ा	गिनधाड़ा
०		३		
गिनधिंना	कत्तधाऽ	धाड़ागिन	धाड़ागिन	धिंनाकत्त
X				
धा				

बाँट—एकताल

X	०	२
धाऽतेटे तेटेघेड़	नगतक तिरकिट	तकतिन तिंनाकिन
०	३	४
ताऽतेटे तेटेकेड़	नगतक तिरकिट	तकधिन धिंनागिन

प्रस्तार—१

X	०	०
धाऽतेटे तेटेघेड़	नगतक तिरकिट	नगतक तिरकिट
०	३	४
धाऽतेटे तेटेघेड़	नगतक तिरकिट	तकतिन तिंनाकिन
X	०	२
ताऽतेटे तेटेकेड़	नकतक तिरकिट	नकतक तिरकिट
०	३	४
धाऽतेटे तेटेघेड़	नगतक तिरकिट	तकधिंन धिंनागिन

प्रस्तार—२

X	०	०
धाऽतेटे तेटेघेड़	नगतक तिरकिट	धाऽऽऽ घेड़नग
०	३	४
धाऽतेटे तेटेघेड़	नगतक तिरकिट	तकतिन तिंनाकिन
X	०	२
ताऽतेटे तेटेकेड़	नकतक तिरकिट	ताऽऽऽ केड़नग
०	३	४
धाऽतेटे तेटेघेड़	नगतक तिरकिट	तकधिंन धिंनागिन

प्रस्तार—३

X	०	०
धाऽतेटे तेटेघेड़	नगतक तिरकिट	धाऽतेटे तेटेघेड़
०	३	४
नगतक तिरकिट	नगतक तिरकिट	तकतिन तिंनाकिन
X	०	२
ताऽतेटे तेटेकेड़	नकतक तिरकिट	ताऽतेटे तेटेकेड़
०	३	४
नगतक तिरकिट	नगतक तिरकिट	तकधिंन धिंनागिन

प्रस्तार–४

X	०	०
धाऽतेटे तेटेघेड़	नगतेटे तेटेगिन	तकतिन तिंनाकिन
०	३	४
ताऽतेटे तेटेकेड़	नकतेटे तेटेगिन	तकधिन धिंनागिन

प्रस्तार–५

X	०	०
घेड़नग तेटेघेड़	नगतेटे तेटेगिन	तकतिन तिंनाकिन
०	३	४
केड़नगे तेटेकेड़	नकतेटे तेटेगिन	तकधिन धिंनागिन

प्रस्तार–६

X	०	०
तकतिन तकतिन	तिंनाकिन तकधिन	तकधिन धिंनागिन
०	३	४
तकधिन तकतिन	तिंनाकिन तकधिन	तकधिन धिंनागिन

तिहाई

X	०	०
तकधिन तकधिन	धिंनागिन धाऽ	ऽतक धिनतक
०	३	४
धिनधिंना गिनधाऽ	ऽऽ तकधिन	तकधिन धिंनागिन
X		
धा		

बाँट—एकताल

X	०	२	०	३	४
धा क्रधे	तेटे धाड़	धातिं नाड़	ता क्रते	तेटे धाड़	धाधिं नाड़

प्रस्तार—१

X	०	२	०	३	४
धा क्रधे	तेटे धाऽ	क्रधे तेटे	धा क्रधे	तेटे धाड़	धातिं नाड़
X	०	२	०	३	४
ता क्रते	तेटे ताऽ	क्रते तेटे	धा क्रधे	तेटे धाड़	धाधिं नाड़

प्रस्तार—२

X	०	२	०	३	४
धा क्रधे	तेटे तेटे	क्रधे तेटे	धा क्रधे	तेटे धाड़	धातिं नाड़
X	०	२	०	३	४
ता क्रते	तेटे तेटे	क्रते तेटे	धा क्रधे	तेटे धाड़	धाधिं नाड़

प्रस्तार—३

X	०	२	०	३	४
धा क्रधे	तेटे धाड़	धाड़ धाड़	धा क्रधे	तेटे धाड़	धातिं नाड़
X	०	२	०	३	४
ता क्रते	तेटे ताड़	ताड़ ताड़	धा क्रधे	तेटे धाड़	धाधिं नाड़

प्रस्तार—४

X	०	२	०	३	४
क्रधे तेटे	तेटे धाड़	धाधिं नाड़	धा क्रधे	तेटे धाड़	धातिं नाड़
X	०	२	०	३	४
क्रते तेटे	तेटे ताड़	तातिं नाड़	धा क्रधे	तेटे धाड़	धाधिं नाड़

प्रस्तार—५

X	०	२	०	३	४
धाड़ धाड़	धाधिं नाड़	धाधिं नाड़	धा क्रधे	तेटे धाड़	धातिं नाड़
X	०	२	०	३	४
ताड़ ताड़	तातिं नाड़	तातिं नाड़	धा क्रधे	तेटे धाड़	धाधिं नाड़

प्रस्तार–६

X	०	२	०	३	४
धेते तेधे	तेटे धाड़	धाड़ धाड़	धा क्रधे	तेटे धाड़	धातिं नाड़
X	०	२	०	३	४
तेते टेते	तेटे ताड़	ताड़ ताड़	धा क्रधे	तेटे धाड़	धाधिं नाड़

प्रस्तार–७

X	०	२	०	३	४
धा क्रधे	तेटे धाड़	धाधिं नाड़	धाड़ धाधिं	नाड़ धाड़	धातिं नाड़
X	०	२	०	३	४
ता क्रते	तेटे ताड़	ताति नाड़	धाड़ धाधिं	नाड़ धाड़	धाधिं नाड़

तिहाई

X	०	२	०	३	४
धा क्रधे	तेटे धाड़	धाधिं नाड़	धा ऽ	ऽ धा	क्रधे तेटे
X	०	२	०	३	४
धाड़ धाधिं	नाड़ धा	ऽ ऽ	धा क्रधे	तेटे धाड़	धाधिं नाड़
X					
धा					

बाँट–रूपक

०	१	२
धगिनधा तेटेगिन तकधिन	धगिनधा तेटेगिन	तकतिन तिंनाकिन
०	१	२
तकिनता तेटेकिन तकतिन	धगिनधा तेटेगिन	तकधिन धिंनागिन

प्रस्तार–१

०	१	२
धगिनधा तेटेगिन धगिनधा	तेटेगिन धगिनधा	तेटेगिन तकधिन
०	१	२
धगिनधा तेटेगिन तकधिन	धगिनधा तेटेगिन	तकतिन तिनाकिन
०	१	२
तकिनता तेटेकिन तकिनता	तेटेकिन तकिनता	तेटेकिन तकतिन
०	१	२
धगिनधा तेटेगिन तकधिन	धगिनधा तेटेगिन	तकधिन धिंनागिन

प्रस्तार–२

०	१	२
धगिनधा तेटेगिन धगिनधा	तेटेधगि नधातेटे	गिनधगि नधातेटे
०	१	२
धगिनधा तेटेगिन तकधिन	धगिनधा तेटेगिन	तकतिन तिनाकिन
०	१	२
तकिनता तेटेकिन तकिनता	तेटेतकि नतातेटे	किनतकि नतातेटे
०	१	२
धगिनधा तेटेगिन तकधिन	धगिनधा तेटेगिन	तकधिन धिंनागिन

प्रस्तार–३

०	१	२
धगिनधा तेटेधगि नधातेटे	धगिनधा तेटेगिन	तकतिन तिंनाकिन
०	१	२
तकिनता तेटेतकि नतातेटे	धगिनधा तेटेगिन	तकतिन धिनागिन

प्रस्तार–४

०	१	२
तकधिन तकधिन धिंनागिन	धगिनधा तेटेगिन	तकतिन तिंनाकिन
०	१	२
तकतिन तकतिन तिंनाकिन	धगिनधा तेटेगिन	तकधिन धिनागिन

प्रस्तार–५

०	१	२
तकधिन धिंनागिन तकधिन	धगिनधा तेटेगिन	तकतिन तिंनाकिन
०	१	२
तकतिन तिंनाकिन तकतिन	धगिनधा तेटेगिन	तकधिन धिंनाकिन

प्रस्तार–६

०	१	२
धिनधिंना गिनधिन धिंनागिन	धगिनधा तेटेगिन	तकतिन तिंनाकिन
०	१	२
तिनातिंना किनतिन तिंनाकिन	धगिनधा तेटेगिन	तकधिन धिंनाकिन

प्रस्तार–६

०	१	२
धगिनधा तेटेगिन तकधिन	धिंनागिन धा	धगिनधा तेटेगिन
०	१	२
तकधिन धिंनाकिन धा	धगिनधा तेटेगिन	तकधिन धिंनागिन
०		
धा		

बाँट—रूपक

०	१	२
धाड़ागिन तकधिन धाड़गिन	धाड़गिन तकधिन	गिनतिन ताड़ाकिन
०	१	२
ताड़किन तकतिन ताड़किन	धाड़गिन तकधिन	गिनधिन धाड़गिन

प्रस्तार—१

०	१	२
धाड़गिन तकधिन धाड़गिन	तकधिन धाड़गिन	तकधिन धाड़गिन
०	१	२
धाड़गिन तकधिन धाड़गिन	धाड़गिन तकधिन	गिनतिन ताड़किन
०	१	२
ताड़किन तकतिन ताड़किन	तकतिन ताड़किन	तकतिन ताड़किन
०	१	२
धाड़गिन तकधिन धाड़गिन	धाड़गिन तकधिन	गिनधिन धाड़गिन

प्रस्तार—२

०	१	२
धाड़गिन धाड़गिन तकधिन	धाड़गिन तकधिन	तकधिन धाड़गिन
०	१	२
धाड़गिन तकधिन धाड़गिन	धाड़गिन तकधिन	गिनतिन ताड़किन
०	१	२
ताड़किन ताड़किन तकतिन	ताड़किन तकतिन	तकतिन ताड़किन
०	१	२
धाड़गिन तकधिन धाड़गिन	धाड़गिन तकधिन	गिनधिन धाड़गिन

प्रस्तार—३

०	१	२
तकधिन गिनधिन धाड़गिन	धाड़गिन तकधिन	गिनधिन धाड़गिन
०	१	२
धाड़ागन तकधिन धाड़गिन	धाड़गिन तकधिन	गिनतिन ताड़किन

0	१	२
तकतिन किनतिन ताड़किन	ताड़किन तकतिन	किनतिन ताड़किन
0	१	२
धाड़गिन तकधिन धाड़गिन	धाड़गिन तकधिन	गिनधिन धाड़गिन

प्रस्तार–४

0	१	२
तकधिन गिनधिन धाड़गिन	तकधिन तकधिन	गिनतिन ताड़किन
0	१	२
तकतिन तिनतक ताड़किन	तकधिन तकधिन	गिनधिन धाड़गिन

प्रस्तार–५

0	१	२
तकधिन गिनतक धिनगिन	तकधिन तकधिन	गिनतिन ताड़किन
0	१	२
तकतिन किनतक तिनकिन	तकधिन तकधिन	गिनधिन धाड़गिन

प्रस्तार–६

0	१	२
तकधिन गिनधिन तकतक	तकधिन गिनधिन	गिनतिन ताड़किन
0	१	२
तकतिन किनतिन तकतक	तकधिन तकधिन	गिनधिन धाड़गिन

तिहाई

0	१	२
तकधिन गिनधिन गिनधिन	धाड़गिन धा	तकधिन गिनधिन
0	१	२
गिनधिन धाड़गिन धा	तकधिन गिनधिन	गिनधिन धाड़गिन
X		
धा		

बाँट—आड़ा चारताल

X	२	०	३
गीना धाड़	धाऽतेटे तेटेगिन	तकधिन तकतिंऽ	नाड़ कीना
०	४	०	
ताड़ ताऽतेटे	तेटेगिन तकधिन	तकधिंऽ नाड़	

प्रस्तार—१

X	२	०	३
गीना धाड़	धाऽतेटे तेटेगिन	धाऽतेटे तेटेगिन	तकधिन गीना
०	४	०	
धाड़ धाऽतेटे	तेटेगिन तकधिन	तकतिंऽ नाड़	
X	२	०	३
कीना ताड़	ताऽतेटे तेटेकिन	ताऽतेटे तेटेकिन	तकतिन गीना
०	४	०	
धाड़ धाऽतेटे	तेटेगिन तकधिन	तकधिंऽ नाड़	

प्रस्तार—२

X	२	०	३
गीना धाड़	गीना धाड़	धाऽतेटे तेटेगिन	तकधिन गीना
०	४	०	
धाड़ धाऽतेटे	तेटेगिन तकधिन	तकतिंऽ नाड़	
X	२	०	३
कीना ताड़	कना ताड़	ताऽतेटे तेटेकिन	तकतिन गीना
०	४	०	
धाड़ धाऽतेटे	तेटेगिन तकधिन	तकधिंऽ नाड़	

प्रस्तार—३

X	२	०	३
धाऽतेटे तेटेगिन	तकधिंऽ नाड़	तकधिन तकतिन	नाड़ ताऽतेटे
०	४	०	
तेटेकिन तकतिंऽ	नाड़ तकधिन	तकधिंऽ नाड़	

प्रस्तार–४

X	२	०	३
तकधिंऽ नाड़	तकधिंऽ नाड़	तकधिन तकधिंऽ	नाड़ धाऽतेटे
०	४	०	
तेटेगिन तकधिंऽ	नाड़ तकधिन	तकतिंऽ नाड़	
X	२	०	३
तकतिंऽ नाड़	तकतिंऽ नाड़	तकतिंन तकतिंऽ	नाड़ धाऽतेटे
०	४	०	
तेटगिन तकधिंऽ	नाड़ तकधिन	तकधिंऽ नाड़	

प्रस्तार–५

X	२	०	३
तकधिंऽ नाड़	तकधिंऽ नाड़	तकधिन तकधिंऽ	नाड़ तकतिंऽ
०	४	०	
नाड़ तकतिंऽ	नाड़ तकधिन	तकधिंऽ नाड़	

प्रस्तार–६

X	२	०	३
तकधिंन तकधिन	तकधिंऽ नाड़	तकधिन तकतिंऽ	नाड़ तकतिन
०	४	०	
तकतिन तकतिंऽ	नाड़ तकधिन	तकधिंऽ नाड़	

तिहाई

X	२	०	३
तकधिंन तकधिन	तकधिंऽ नाड़	धा तकधिन	तकधिन तकधिंऽ
०	४	०	
नाड़ धा	तकधिन तकधिन	तकधिंऽ नाड़	
X			
धा			

बाँट—आड़ाचारताल

X	२	०	३
धाऽऽघे तगधिन	धाऽऽघे तगधिन	धाऽऽघे तगतिन	ताड़किन ताऽऽके
०	४	०	
तकतिन ताऽऽके	तकतिन धाऽऽघे	तगधिन धाड़गिन	

प्रस्तार—१

X	२	०	३
धाऽऽघे तगधिन	ऽऽऽघे तगधिन	ऽऽऽघे तगधिन	धाड़गिन धाऽऽघे
०	४	०	
तगधिन धाऽऽघे	तकधिन धाऽऽघे	तगतिन ताड़किन	
X	२	०	३
ताऽऽके तकतिन	ऽऽऽके तगतिन	ऽऽऽके तगतिन	ताड़किन धाऽऽघे
०	४	०	
तगधिन धाऽऽघे	तकधिन धाऽऽघे	तगधिन धाड़गिन	

प्रस्तार—२

X	२	०	३
धाऽऽघे तगधिन	घेतगघे तकधिन	धाऽऽघे तगतिन	ताड़किन ताऽऽके
०	४	०	
तगतिन केतकके	तकतिन धाऽऽघे	तगधिन धाड़गिन	

प्रस्तार—३

X	२	०	३
तकधिन तकधिन	घेतगघे तगधिन	धाऽऽघे तगतिन	ताड़किन तकतिन
०	४	०	
तकतिन केतकके	तकतिन धाऽऽघे	तगधिन धाड़गिन	

प्रस्तार—४

X	२	०	३
घेतगघे तगधिन	घेतगघे तगधिन	धाऽऽघे तगतिन	ताड़किन केतकके
०	४	०	
तकतिन केतकके	तकतिन धाऽऽघे	तगधिन धाड़गिन	

प्रस्तार–५

X	२	०	३
घेतगघे तगधिन	तकधिन तकधिन	घेतगघे तगतिन	ताड़किन केतकके
०	४	०	
तकतिन तकतिन	तकतिन घेतगघे	तगधिन धाड़गिन	

प्रस्तार–६

X	२	०	३
तकतिन ताड़किन	तकधिन धाड़गिन	तकतिन तकतिन	ताड़किन तकतिन
०	४	०	
ताड़किन तकधिन	धाड़गिन तकधिन	तकधिन धाड़गिन	

तिहाई

X	२	०	३
तकतिन ताड़किन	तकधिन धाड़गिन	धा तकतिन	ताड़किन तकधिन
०	४	०	
धाड़किन धा	तकतिन ताड़किन	तकधिन धाड़गिन	
X			
धा			

तीनताल में टुकड़े

टुकड़ा—१

| धाधा दिंदिं नाना तेटेतेटे | कतेटेक तेटेकत धाऽकत धाऽकत |
X २
| धाऽतेटे तेटेकत धाऽकत धाऽकत | धाऽतेटे तेटेकत धाऽकत धाऽकत |
० ३
| धा
X

टुकड़ा—२

| धाऽ तूना किटतक ताऽतिर | किटतक तिरकिट तकताऽ तिरकिट |
X २
| धाऽ तिरकिट तकताऽ तिरकिट | धाऽ तिरकिट तकताऽ तिरकिट |
० ३
| धा
X

टुकड़ा—३

| धागेतेटे तागेतेटे तकदिंऽ नागेतेटे | तेटेतगि ऽनधेतुऽ तगिऽन धेतऽताऽ |
X २
| तिरकिटधेत् तगिऽन धाऽऽऽ तरकिटधेत् | तगिऽन धाऽऽऽ तिरकिटधेत्ऽ तगिऽन |
० ३
| धा
X

टुकड़ा—४

| कत्तेटे गेगेतेटे कतकत गेगेतेटे | कतगेगे तेटेकत गेगेतेतुऽ धाऽगेगे |
X २
| तेतऽधाऽ गेगेतेत्तऽ धाऽऽऽ कत्तेटे | गेगेतेटे कतकत गेगेतेटे कतगेगे |
० ३
| तेटेकत गेगेतेतऽ धाऽगेगे तेतऽधाऽ | गेगेतेतऽ धाऽऽऽ कत्तेटे गेगेतेटे |
X २
| कतकत गेगेतेटे कतगेगे तेटेकत | गेगेतेतऽ धाऽगेगे तेतऽधाऽ गेगेतेतऽ |
० ३
| धा
X

तीनताल में चक्रदार टुकड़ा

X धागेतेटे तागेतेटे क्रधाऽक्र धाऽकिटतक	२ दिंऽदिंऽ नानानाना किटतकदिंऽ दिंऽनाना
० नानाकिटतक दिंऽदिंऽ नानानाना कतेटेधा	३ ऽकऽत धाऽकत धाऽकते टेधाऽक
X ऽतधाऽ कतधाऽ कतेटेधा ऽकऽत	२ धाऽकत धाऽधागे तेटेतागे तेटेक्रधा
० ऽक्रधाऽ किटतकदिंऽ दिंऽनाना नानाकिटतक	३ दिंऽदिंऽ नानानाना किटतकदिंऽ दिंऽनाना
X नानाकते टेधाऽक ऽतधाऽ कतधाऽ	२ कतेटेधा ऽकऽत धाऽकत धाऽकते
० टेधाऽक ऽतधाऽ कतधाऽ धागेतेटे	३ तागेतेटे क्रधाऽक्र धाऽऽऽकिटतक दिंऽदिंऽ
X नानानाना किटतकदिंऽ दिंऽनाना नानाकिटतक	२ दिंऽदिंऽ नानानाना कतेटेधा ऽकऽत
० धाऽकत धाऽकते टेधाऽकऽत धाऽ	३ कतधाऽ कतेटेधा ऽकऽत धाऽकत
X धा	

तीनताल में चक्रदार टुकड़ा

X
धाधाधाधा दिंदिंदिंदिं नानानाना तेटेतेटेतेटेतेटे

२
कत्रकधेतेटेकत धाऽकतधाऽकत धाऽऽधेतेटेकत धाऽकतधाऽकत

०
धाऽऽधेतेटेकत धाऽकतधाऽकत धा धाधाधाधा

३
दिंदिंदिंदिं नानानाना तेटेतेटेतेटेतेटे कत्रकधेतेटेकत

X
धाऽकतधाऽकत धाऽऽधेतेटेकत धाऽकतधाऽकत धाऽऽधेतेटेकत

२
धाऽकतधाऽकत धा धाधाधाधा दिंदिंदिंदिं |
०
नानानाना तेटेतेटेतेटेतेटे कत्रकधेतेटेकत धाऽकतधाऽकत |
३
धाऽऽधेतेटेकत धाऽकतधाऽकत धाऽऽधेतेटेकत धाऽकतधाऽकत |
X
धा

तीनताल में चक्रदार टुकड़ा

X	२
कतेटेधे तेटेक्रधे तेटेकत गदिगन	घिन्तड़ा ऽनकत गदिगन धाऽगदि
०	३
गनधाऽ गदिगन धाऽकत गदिगन	धाऽगदि गनधाऽ गदिगन धाऽकत
X	२
गदिगन धाऽगदि गनधाऽ गदिगन	धा ऽ कतेटेधे तेटेक्रधे
०	३
तेटेकत गदिगन धिन्तड़ा ऽनकत	गदिगन धाऽगदि गनधाऽ गदिगन
X	२
धाऽकत गदिगन धाऽगदि गनधाऽ	गदिगन धाऽकत गदिनगन धाऽगदि
०	३
गनधाऽ गदिगन धा ऽ	कतेटेधे तेटेक्रधे तेटेकत गदिगन
X	२
घिन्तड़ा ऽनकत गदिगन धाऽगदि	गनधाऽ गदिगन धाऽकत गदिगन
०	३
धाऽगदि गनधाऽ गदिगन धाऽकत	गदिगन धाऽगदि गनधाऽ गदिगन

X
धा

तीनताल में चक्रदार टुकड़ा

X	२
कत्तेटे तेटेकत्ऽ तेटेतेटे कतकत	कतेटेधे तेटेकते टेधेतेटे क्रधेतेटे
०	३
कतेटेत गिनकत्ऽ तेटेधाऽ नधाऽन	धाऽऽत गिनकत्ऽ तेटेधाऽ नधाऽन
X	२
धाऽऽत गिनकत्ऽ तेटेधाऽ नधाऽन	धा ऽ कत्तेटे तेटेकत्
०	३
तेटेतेटे कतकत कतेटेधे तेटेकते	टेधेतेटे क्रधेतेटे कतेटेत गिनकत्
X	२
तेटेधाऽ नाधाऽन धाऽऽत गिनकत्	तेटेधाऽ नधाऽन धाऽऽत गिनकत्
०	३
तेटेधाऽ नाधाऽन धा ऽ	कत्तेटे तेटेकत् तेटेतेटे कतकत
X	२
कतेटेधे केतकते टेधेतेटे क्रधेतेटे	कतेटेत गिनकत् तेटेधाऽ नधाऽन
०	३
धाऽऽत गिनकत्ऽ तेटेधाऽ नधाऽन	धाऽऽत गिनकत् तेटेधाऽ नधाऽन
X	
धा	

ताल—तीनताल में उठान

X	२
धाऽक्र धेतेटे धाऽतिरकिट धेतेटे	कऽत धेतेटे कतग दिगन
०	३
तकिट ताऽन ताऽऽ ऽऽक्र	धाऽन धाऽन धाऽक्र धाऽन
X	२
धाऽन धाऽक्र धाऽन धाऽन	धा ऽ धाऽक्र धेतेटे
०	३
धाऽतिरकिट धेतेटे कऽत धेतेटे	कतग दिगन तकिट ताऽन
X	२
ताऽऽ ऽऽक्र धाऽन धाऽन	धाऽक्र धाऽन धाऽन धाऽक्र
०	३
धाऽन धाऽन धा ऽ	धाऽक्र धेतेटे धाऽतिरकिट धेतेटे
X	२
कऽत धेतेटे कतग दिगन	तकिट ताऽन ताऽऽ ऽऽक्र
०	३
धाऽन धाऽन धाऽक्र धाऽन	धाऽन धाऽक्र धाऽन धाऽन
X	
धा	

तीनताल में नौहक्का

X	२
कतेटेगि नातीधाक तेटेगिना तीधाकते	टेगिनाती धाऽकते टेगीनात धाकतेटे
०	०
गिनातीधा कतेटेगि नातीधाऽ कतेटेगि	नातीधाक तेटेगिनातीधाकते टेगिनाती
X	
धा	

तीनताल में नौहक्का

X	२
तेटेधिना धातीधाते टेघिनाधा तीधातेटे	घिनाधाती धाऽतेटे घिनाधाती धातेटेघि
०	३
नाधातीधा तेटेघिना धातीधाऽ तेटेघिना	धातीधाते टेघिनाधा तीधातेटे धिनाधाती
X	
धा	

तीन ताल में उठान

X	२
धा तेटे क्रधा तेटे	घेड़नग तिरकिट नगतिर किटतक
०	३
धाऽघेड़नग धाऽघेड़नग तिरकिटतक तिरकिटतक	धेरधेरकिटतक तक्कड़ां धाऽकत धाऽकिटतक
X	२
तक्कड़ां धाऽकत धाऽकिटतक तक्कड़ां	धाऽकत धाऽऽऽ ऽऽधेरधेर किटतक तकऽ
०	३
क्ड़ांऽधाऽ कतधाऽ किटतकतकऽ क्ड़ांऽधाऽ	कतधाऽ किटतकतकऽ क्ड़ांऽधाऽ कतधाऽ
X	२
ऽऽऽऽ धेरधेरकिटतक तक्कड़ां धाऽकत	धाऽकिटतक तक्कड़ां धाऽकत धाऽकिटतक
०	३
तक्कड़ां धाऽकत धाऽऽऽ धा	तेटे क्रधा तेटे घेड़नग
X	२
तिरकिट नगतिर किटतक धाऽघेड़नग	धाऽघेड़नग तिरकिटतक तिरकिटतक धेरधेरकिटतक
०	३
तक्कड़ां धाऽकत धाऽकिटतक तक्कड़ां	धाऽकत धाऽकिटतक तक्कड़ां धाऽकत
X	२
धाऽऽऽ ऽऽधेरधेर किटतकतकऽ क्ड़ांधाऽ	कतधाऽ किटतकतकऽ क्ड़ांऽधाऽ कतधाऽ
०	३
किटतकतकऽ क्ड़ांऽधाऽ कतधाऽ ऽऽऽऽ	धेरधेरकिटतक तक्कड़ां धाऽकत धाऽकिटतक

X	२
तक्क्ड़ां धाऽकत धाऽकिटतक तक्क्ड़ां	धाऽकत धाऽऽऽ धा तेटे
०	३
क्रधा तेटे घेड़नग तिरकिट	नगतिर किटतक धाऽघेड़नग धाऽघेड़नग
X	२
तिरकिटतक तिरकिटतक धेरधेरकिटतक तक्क्ड़ां	धाऽकत धाऽकिटतक तक्क्ड़ां धाऽकत
०	३
धाऽकिटतक तक्क्ड़ां धाऽकत धाऽऽऽ	ऽऽधेरधेर किटतकतकऽ क्ड़ांऽधाऽ कतधाऽ
X	२
किटतकतकऽ क्ड़ांऽधाऽ कतधाऽ किटतकतकऽ	क्ड़ांऽधाऽ कतधाऽ ऽऽऽऽ धेरधेरकिटतक
०	३
तक्क्ड़ां धाऽकत धाऽकिटतक तक्क्ड़ां	धाऽकत धाऽकिटतक तक्क्ड़ां धाऽकत

X
धा

तीनताल में नौहक्का

X
तिरकिटतकताऽ तिरकिटधाऽतिर किटतकताऽतिर किटधाऽतिरकिट
२
तकताऽतिरकिट धाऽऽऽतिरकिट तकताऽतिरकिट धाऽतिरकिटतक
०
ताऽतिरकिटधाऽ तिरकिटतकताऽ तिरकिटधाऽऽऽ तिरकिटतकताऽ
३
तिरकिटधाऽतिर किटतकताऽतिर किटधाऽतिरकिट तकताऽतिरकिट
X
धा

तीनताल में नवहक्का (चौथी मात्रे से)

X	२
धा धिं धिं घिनातेटे	धाऽघिना तेटेधाऽ घिनातेटे धाऽघिना
०	३
तेटेधाऽ घिनातेटे धाऽघिना तेटेधाऽ	घिनातेटे धाऽघिना तेटेधाऽ घिनातेटे
X	
धा	

तीनताल में नौहक्का (चौथी मात्रे से)

X
धा धिं धिं धेरधेरकिटतक
२
धाऽऽऽधेरधेर किटतकधाऽऽऽ धेरधेरकिटतक धाऽऽऽधेरधेर
०
किटतकधाऽऽऽ धेरधेरकिटतक धाऽऽऽधेरधेर किटतकधाऽऽऽ
३
धेरधेरकिटतक धाऽऽऽधेरधेर किटतकधाऽऽऽ धेरधेरकिटतक
X
धा

आड़ा–चारताल में नौहक्का

X	२	०	३
गदिगन धाऽगदि	गनधाऽ गदिगन	धा गदिगन	धाऽगदि गनधाऽ
०	४	०	X
गदिगन धा	गदिगन धाऽगदि	गनधाऽ गदिगन	धा

एकताल में नौहक्का (आडलय में)

X	०	२	०
धातीधा ऽधाती	धाऽधा तीधाऽ	ऽधाती धाऽधा	तीधाऽ धातीधा
०	४	X	
ऽऽधा तीधाऽ	धातीधा ऽधाती	धा	

झपताल में नौहक्का

X	२
क्रधातेटे धाऽ	ऽक्रधा तेटेधाऽ ऽऽ
०	३
क्रधातेटे धा	क्रधातेटे धाऽ ऽक्रधा
X	२
तेटेधाऽ ऽऽ	क्रधातेटे धा क्रधातेटे
०	३
धाऽ ऽक्रधा	तेटेधाऽ ऽऽ क्रधातेटे
X	
धा	

रूपक में नौहक्का

| ०
तिरकिटधाऽतीऽ धाऽऽऽतिरकिट धाऽतीधाऽऽऽ |

| १
तिरकिटधाऽतीऽ धा | २
तिरकिटधाऽतीऽ धाऽऽऽतिरकिट |

| ०
धाऽतीऽधाऽऽऽ तिरकिटधाऽतीऽ धा

| १
तिरकिटधाऽतीऽ धाऽऽऽतिरकिट | २
धाऽतीऽधाऽऽऽ तिरकिटधाऽतीऽ |

| ०
धा

झपताल में चक्रदार टुकड़ा

X	२
धागेतेटे धगिनधा	क्रधातुना कत्तेटे तेटेदिंऽ
०	३
नानातेटे तेटेक्रधा	ऽनकत धाऽतेटे क्रधाऽन
X	२
कतधाऽ टेतेक्रधा	ऽनकत धाऽधागे तेटेधगि
०	३
नधाक्रधा तुनाकत	तेटेतेटे दिंऽनाना तेटेतेटे

X	२
क्रधाऽन कतधाऽ	तेटेक्रधा ऽनकत धाऽतेटे
०	३
क्रधाऽन कतधाऽ	धागेतेटे धगिनधा क्रधातुना
X	२
कत्तेटे तेटदिंऽ	नानातेटे तेटेक्रधा ऽनकत
०	३
धाऽतेटे क्रधाऽन	कतधाऽ तेटेक्रधा ऽनकत
X	
धा	

झपताल में चक्रदार टुकड़ा

X	२	०	३
धाऽघेड़ नगतिर	किटतक ताऽतेटे कतगदि	गनधाऽ नधाऽन	धागदि गनधाऽ नधाऽन
X	२	०	३
धाऽगदि गनधाऽ	नधाऽन धाऽधाऽ घेड़नग	तिरकिट तकताऽ	तेटेकत गदिगन धाऽनधा
X	२	०	३
ऽनधाऽ गदिगन	धाऽनधा ऽनधाऽ गदिगन	धाऽनधा ऽनधाऽ	धाऽघेड़ नगतिरकिटतक
X	२	०	३
ताऽतेटे कतगदि	गनधाऽ नधाऽन धाऽगदि	गनधाऽ नधाऽन	धाऽगदि गनधाऽ नधाऽन
X			
धा			

झपताल में चक्रदार

X	२
किटतकताऽऽऽ किटतकताऽऽऽ	तूऽनाकिटतक ताऽतिरकिटतक धेत्ऽऽऽधेरधेर
०	३
किटतकधेतऽऽऽ धेरधेरकिटतक	धाऽतिरकिटतक धा किटतकताऽऽऽ
X	२
धेरधेरकिटतक धाऽऽऽधेरधेर	किटतकधाऽऽऽ धेरधेरकिटतक धा
०	३
किटतकताऽऽऽ धेरधेरकिटतक	धाऽऽऽधेरधेर किटतकधाऽऽऽ धेरधेरकिटतक

X	२
धा किटतकताऽऽऽ	धेरधेरकिटतक धाऽऽऽधेरधेर किटतकधाऽऽऽ
०	३
धेरधेरकिटतक धा	किटतकताऽऽऽ किटतकताऽऽऽ तूऽनाऽकिटतक
X	२
ताऽतिरकिटतक धेतऽऽऽधेरधेर	किटतकधेत्ऽऽऽ धेरधेरकिटतक धाऽतिरकिटतक
०	३
धा किटतकताऽऽऽ	धेरधेरकिटतक धाऽऽऽधेरधेर किटतकधाऽऽऽ
X	२
धेरधेरकिटतक धा	किटतकताऽऽऽ धेरधेरकिटतक धाऽऽऽधेरधेर
०	३
किटतकधाऽऽऽ धेरधेरकिटतक	धा किटतकताऽऽऽ धेरधेरकिटतक
X	२
धाऽऽऽधेरधेर किटतकधाऽऽऽ	धेरधेरकिटतक धा किटतकताऽऽऽ
०	३
किटतकताऽऽऽ तूऽनाऽकिटतक	ताऽतिरकिटतक धेत्ऽऽऽधेरधेर किटतकधेत्ऽऽऽ
X	२
धेरधेरकिटतक धाऽतिरकिटतक	धा किटतकताऽऽऽ धेरधेरकिटतक
०	३
धाऽऽऽधेरधेर किटतकधाऽऽऽ	धेरधेरकिटतक धा किटतकताऽऽऽ
X	२
धेरधेरकिटतक धाऽऽऽधेरधेर	किटतकधाऽऽऽ धेरधेरकिटतक धा
०	३
किटतकताऽऽऽ धेरधेरकिटतक	धाऽऽऽधेरधेर किटतकधाऽऽऽ धेरधेरकिटतक
X	
धा	

झपताल में चक्रदार—टुकड़ा

X	२	०	३
धेतेटे धगिन	धाऽधिं नातेटे धातिंऽ	नातेटे कतेटे	कतक्र धाऽन धाऽन
X	२	०	३
धाऽक्र धाऽन	धाऽन धाऽक्र धाऽन	धाऽन धा	धेतेटे धगिन धाऽघि
X	२	०	३
नातेटे धातिंऽ	नातेटे कतेटे कतक्र	धाऽन धाऽन	धाऽक्र धाऽन धाऽन
X	२	०	३
धाऽक्र धाऽन	धाऽन धा धेतेटे	धगिन धाऽघि	नातेटे धतिंऽ नातेटे
X	२	०	३
कतेटे कतक्र	धाऽन धाऽन धाऽक्र	धाऽन धाऽन	धाऽक्र धाऽन धाऽन
X			
धा			

ताल—एकताल में चक्रदार

X	०	२
धात्रकधे तेटेकत	गदिगन नागेतेटे	किड़धेत् ताऽकत
०	३	४
गदिगन नागेतेटे	किड़धेत् तगिन्न	धाऽधाऽ धाऽकिड़
X	०	२
धेत्तगि ऽनधाऽ	धाऽधाऽ किड़धेत्	तगिन्न धाऽधाऽ
०	३	४
धा ऽ	ऽ धात्रकधे	तेटेकत गदिगन
X	०	२
नागेतेटे किड़धेत्	ताऽकत गदिगन	नागेतेटे किड़धेत्
०	३	४
तगिन्न धाऽधाऽ	धाऽकिड़ धेत् तगि	ऽन्न धाऽ धाऽधाऽ
X	०	२
किड़धेत् तगिन्न	धाऽधाऽ धा	ऽ ऽ
०	३	४
धात्रकधे तेटेतक	गदिगन नागेतेटे	किड़धेत् ताऽकत

X	०	२
गदिगन नागेतेटे	किड़धेत् तगिन्न	धाऽधाऽ धाऽकिड़
०	३	४
धेत् तगि ऽन धाऽ	धाऽधाऽ किड़धेत्	तगिन्न धाऽधाऽ
X		
धा		

एकताल में चक्रदार

X	०	२
धेरधेरकिटतक तकिटधाऽ	धेरधेरकिटतक तकिट,धाऽ	तकिटधाऽ तकिट,धाऽ
०	३	४
धेरधेरकिटतक तकिट,धा	कत्ऽऽऽघेरघेर किटतक घेरघेर	किटतकतकिट धाऽकत्ऽ
X	०	२
धेरधेरकिटतक धेरधेरकितक	तकिटधाऽ कत्ऽऽऽधेरधेर	किटतकधेरधेर किटतकतकिट
०	३	४
धा ऽ	ऽ धेरधेर किटतक	तकिटधाऽ धेरधेरकिटतक
X	०	२
तकिटधाऽ तकिटधाऽ	तकिट,धाऽ धेरधेरक्टितक	तकिटधाऽ कतऽऽऽघेरघेर
०	३	४
किटतकधेरधेर किटतकतकिट	धाऽकतऽ घेरघेरकिटतक	धेरधेरकिटतक तकिटधाऽ
X	०	२
कत्ऽऽऽधेरधेर किटतकधेरधेर	किटतकतकिट धा —	ऽ ऽ
०	३	४
धेरधेरकिटतक तकिटधाऽ	धेरधेरकिटतक तकिटधाऽ	तकिटधाऽ तकिटधाऽ
X	०	२
धेरधेरकिटतक तकिटधाऽ	कत्ऽऽऽधेरधेर किटतकधेरधेर	किटतकतकिट धाऽकत्ऽ
०	३	४
धेरधेरकिटतक धेरधेरकिटतक	तकिटधाऽ कत्ऽऽऽधेरधेर	किटतकधेरधेर किटतककिट
X		
धा		

एकताल में चक्रदार

X	०	२	०
धाऽतिरकिटतक ताऽधाऽतिर	किटतकताऽ धेत्ता	धिक्काता ऽनधाऽ	तिरकिटतकताऽ ऽधाऽत
३	४	X	०
धाऽऽऽ धिक्काता	ऽनधाऽ तिरकिटतकताऽ	ऽधाऽत धाऽऽऽ	धिक्काता ऽनधाऽ
२	०	३	४
तिरकिटतकताऽ ऽधाऽत	धाऽऽऽ ऽऽऽऽ	ऽऽऽऽ धाऽतिरकटतक	ताऽधाऽतिरकिट किटतकताऽ
X	०	२	०
धेत्ता धिक्काता	ऽनधाऽ तिरकिटतकताऽ	ऽधाऽत धाऽऽऽ	धिक्काता ऽनधाऽ
३	४	X	०
तिरकिटतकताऽ ऽधाऽत	धाऽऽऽ धिक्काता	ऽनधाऽ तिरकिटतकताऽ	ऽधाऽत धाऽऽऽ
२	०	३	४
ऽऽऽऽ ऽऽऽऽ	धाऽतिरकिटतकताऽ धाऽतिर	किटतकताऽ धेत्ता	धिक्काता ऽनधाऽ
X	०	२	०
तिरकिटतकताऽ ऽधाऽत	धाऽऽऽ धिक्काता	ऽनधाऽ तिरकिटतकताऽ, धाऽतिर	ऽधाऽत धाऽऽऽ
३	४	X	
धिक्काता ऽनधाऽ	तिरकिटतकताऽ ऽधाऽत	धा	

एकताल में चक्रदार

X	०	२	०
धेटेधेटे धागेतेटे	क्रधेतेटे धागेतेटे	क्रधेऽधे तेटेधागे	तेटेकत गदिगन
३	४	X	०
धाऽधाऽ धाऽऽधे	तेटेधागे तेटेकत	गदिगन धाऽधाऽ	धाऽऽधे तेटेधागे
२	०	३	४
तेटेकत गदिगन	धाऽधाऽ धाऽऽऽ	ऽऽधेटे धेटेधागे	तेटेक्रधे तेटेधागे
X	०	२	०
तेटेक्रधे ऽधेतेटे	धागेतेटे कतगदि	गनधाऽ धाऽधाऽ	ऽधेतेटे धागेतेटे
३	४	X	०
कतगदि गनधाऽ	धाऽधाऽ ऽधेतेटे	धागेतेटे कतगदि	गनधाऽ धाऽधाऽ
२	०	३	४
ऽऽऽऽ धेटेधेटे	धागेतेटे क्रधेतेटे	धागेतटे क्रधेऽधे	तेटेधागे तेटेकत

X	०	२	०
गदिगन धाऽधाऽ	धाऽऽधे तेटेधागे	तेटेकत गदिगन	धाऽधाऽ धाऽऽधे
३	४	X	
तेटेधागे तेटेकत	गदिगन धाऽधाऽ	धा	

ताल—रूपक में चक्रदार

०	१	२
धाऽतेटे क्रधातेटे किटतकदिंऽ	नानातेटे कतधाऽ	कतेटेधाऽ ऽक्रधाती
०	१	२
धाऽऽत धाऽतेटे कतधाऽ	कतेटेधा ऽक्रधाती	धाऽऽत धाऽतेटे
०	१	२
कतधाऽ कतेटेधा ऽक्रधाती	धाऽऽत धाऽऽऽ	धाऽतेटे क्रधातेटे
०	१	२
किटतकदिंऽ नानातेटे कतधाऽ	कतेटेधा ऽक्रधाती	धाऽऽत धाऽतेटे
०	१	२
कतधाऽ कतेटेधा ऽक्रधाती	धाऽऽत धाऽतेटे	कतधाऽ कतेटेधा
०	१	२
ऽक्रधाती धाऽऽत धाऽऽऽ	धाऽतेटे क्रधातेटे	किटतकदिंऽ नानातेटे
०	१	२
कतधाऽ कतेटेधा ऽक्रधाती	धाऽऽत धाऽतेटे	कतधाऽ कतेटेधा
०	१	२
ऽक्रधाती धाऽऽत धाऽतेटे	कतधाऽ कतेटेधा	ऽक्रधाती धाऽऽत
०		
धा		

ताल—रूपक में चक्रदार

०	१
धेरधेरकिटतक तिरकिटधाऽऽऽ धेत्ऽधेरधेर	किटतकताऽऽऽ किटतकतिरकिट
२	०
धाऽऽऽकिटतक तिरकिटधाऽऽऽ	किटतकतिरकिट धाऽऽऽ किटतकतिरकिट
१	२
धाऽऽऽकिटतक तिरकिटधाऽऽऽ	किटतकतिरकिट धाऽऽऽ
०	१
किटतकतिरकिट धाऽऽऽकिटतक तिरकिटधाऽऽऽ	किटतकतिरकिट धाऽऽऽ

२ | ०
धेरधेरकिटतक तिरकिटधाऽऽऽ | धेत्धेरधेर किटतकताऽऽऽ किटतकतिरकिट |

१ | २
धाऽऽऽकिटतक तिरकिटधाऽऽऽ | किटतकतिरकिट धाऽऽऽ |

० | १
किटतकतिरकिट धाऽऽऽकिटतक तिरकिटधाऽऽऽ | किटतकतिरकिट धाऽऽऽ

२ | ०
किटतकतिरकिट धाऽऽऽकिटतक | तिरकिटधाऽऽऽ किटतकतिरकिट धाऽऽऽ |

१ | २
धेरधेरकिटतक तिरकिटधाऽऽऽ | धेत्ऽधेरधेर किटतकताऽऽऽ |

० | १
किटतकतिरकिट धाऽऽऽकिटतक तिरकिटधाऽऽऽ | किटतकतिरकिट धाऽऽऽ

२ | ०
किटतकतिरकिट धाऽऽऽकिटतक | तिरकिटधाऽऽऽ किटतकतिरकिट धाऽऽऽ |

१ | २ | ०
किटतकतिरकिट धाऽऽऽकिटतक | तिरकिटधाऽऽऽ किटतकतिरकिट | धा

ताल—रूपक में चक्रदार

० | १ | २
धातीऽ धातीऽ धातीधा | तिरकिटतक तिरकिटतक | तिरकिटतक ताऽऽऽ

० | १ | २
धेरधेरकिट धाऽक्र धाऽन | धाऽऽ धेरधेरकिट | धाऽक्र धाऽन

० | १ | २
धाऽऽ धेरधेरकिट धाऽक्र | धाऽन धा | धातीऽ धातीऽ

० | १ | २
धातीधा तिरकिटतक तिरकिटतक | तिरकिटतक ताऽऽ | धेरधेरकिट धाऽक्र

० | १ | २
धाऽन धाऽऽ धेरधेरकिट | धाऽक्र धाऽन | धाऽऽ धेरधेरकिट

० | १ | २
धाऽक्र धाऽन धा | धातीऽ धातीऽ | धातीधा तिरकिटतक |

०	१	२
तिरकिटतक तिरकिटतक ताऽऽ	धेरधेरकिट धाऽक्र	धाऽन धाऽऽ
०	१	२
धेरधेरकिट धाऽक्र धाऽन	धाऽऽ धेरधेरकिट	धाऽक्र धाऽन
०		
धा		

ताल—रूपक में चक्रदार

०	१	२
धाऽगिना धगिनधा तेटेगिना	तेटेतेटे गिनातेटे	धगिनधा तेटेगिंना
०	१	२
धाऽतीऽ धा गिनातेटे	धगिनधा तेटेगिना	धाऽतीऽ धा
०	१	२
गिनातेटे धगिनधा तेटेगिना	धाऽतीऽ धा	धाऽगिना धगिनधा
०	१	२
तेटेगिना तेटेतेटे गिनातेटे	धगिनधा तेटेगिना	धाऽतीऽ धा
०	१	२
गिनातेटे धगिनधा तेटेगिना	धाऽतीऽ धा	गिनातेटे धगिनधा
०	१	२
तेटेगिना धाऽतीऽ धा	धाऽगिना धगिनधा	तेटेगिना तेटेतेटे
०	१	२
गिनातेटे धगिनधा तेटेगिना	धाऽतीऽ धा	गिनातेटे धगिनधा
०	१	२
तेटेगिना धाऽतीऽ धा	गिनातेटे धगिनधा	तेटेगिना धाऽतीऽ
०		
धा		

आड़ाचारताल में चक्रदार–परन

X	२	०	३
धागेतेटे तेटेधागे	तेटेतेटे धागेतेटे	गदिगन नागेतेटे	गदिगन नागेतेटे

०	४	०
किड़धेत्ऽ ताऽकिड़	धेत्ताऽ किड़धेत्ऽ	तगिन्न धाऽकिड़

X	२	०	३
धेत्तगि ऽनधाऽ	किड़धेत्ऽ तगिन्न	धा धागेतेटे	तेटेधागे तेटेतेटे
०	४	०	
धागेतेटे गदिगन	नागेतेटे गदिगन	नागेतेटे किड़धेत्ऽ	
X	२	०	३
ताऽकिड़ धेत्ताऽ	किड़धेत्ऽ तगिन्न	धाऽकिड़ धेत्तगि	ऽनधाऽ किड़धेत्ऽ
०	४	०	
तगिन्न धा	धागेतेटे तेटेधागे	तेटेतेटे धागेतेटे	
X	२	०	३
गदिगन नागेतेटे	गदिगन नागेतेटे	किड़धेत्ऽ ताऽकिड़	धेत्ताऽ किड़धेत्ऽ
०	४	०	
तगिन्न धाऽकिड़	धेत्तगिऽनधाऽ	किड़धेत्ऽ तगिन्न	
X			
धा			

आड़ाचार ताल में चक्रदार-टुकड़ा

X	२
धाऽतिरकिटतक धाऽतिरकिटतक	धेरधेरकिटतक धाऽतिरकिटतक
०	३
धेरधेरकिटतक धाऽऽऽधेरधेर	किटतकधाऽऽऽ धेरधेरकिटतक
०	४
धा धेरधेरकिटतक	धाऽऽऽधेरधेर किटतकधाऽऽऽ
०	X
धेरधेरकिटतक धा	धेरधेरकिटतक धाऽऽऽधेरधेर
२	०
किटतकधाऽऽऽ धेरधेरकिटतक	धा धाऽतिरकिटतक
३	०
धाऽतिरकिटतक धेरधेरकिटतक	धाऽतिरकिटतक धेरधेरकिटतक
४	०
धाऽऽऽधेरधेर किटतक धाऽऽऽ	धेरधेरकिटतक धा

X	२
धेरधेरकिटतक धाऽऽऽधेरधेर	किटतकधाऽऽऽ धेरधेरकिटतक
०	३
धा धेरधेरकिटतक	धाऽऽऽधेरधेर किटतकधाऽऽऽ
०	४
धेरधेरकिटतक धा	धाऽतिरकिटतक धाऽतिरकिटतक
०	X
धेरधेरकिटतक धाऽतरकिटतक	धेरधेरकिटतक धाऽऽऽधेरधेर
२	०
किटतकधाऽऽऽ धेरधेरकिटतक	धा धेरधेरकिटतक
३	०
धाऽऽऽधेरधेर किटतकधाऽऽऽ	धेरधेरकिटतक धा
४	०
धेरधेरकटतक धाऽऽऽधेरधेर	किटतकधाऽऽऽ धेरधेरकिटतक
X	
धा	

आड़ाचार ताल में चक्रदार-परन

X	२	०	३
त्रकधेत ताऽत्रक	धेत्ता त्रकधेत्	धेटेधेटे धागेतेटे	क्रधेतेटे धागेतेटे
०	४	०	
कतगदि गनधेत्	तड़ाऽन धाऽकत	धाऽधेत् तड़ाऽन	
X	२	०	३
धाऽकत धाऽधेत्	तड़ाऽन धाऽकत	धा त्रकधेत्	ताऽत्रक धेत्ता
०	४	०	
त्रकधेत धेटेधेटे	धागेतेटे क्रधेतेटे	धागेतेटे कतगदि	
X	२	०	३
गनधेतु तड़ाऽन	धाऽकत धाऽधेत	तड़ाऽन धाऽकत	धाऽधेत तड़ाऽन
०	४	०	
धाऽकत धा	त्रकधेत् ताऽत्रक	धेत्ता त्रकधेत्	

X	२	०	३
धेटेधेटे धागेतेटे	क्रधेतटे धागेतेटे	कतगदि गनधेत्	तड़ाऽन धाऽकत
०	४	०	
धाऽधेत् तड़ाऽन	धाऽकत धाऽधेत्	तड़ाऽन धाऽकत	
X			

आड़ाचार ताल में चक्रदार-परन

X	२	०	३
धागेतेटे क्रधातेटे	क्रधातेटे तेटेधागे	तेटेक्रधे तेटेधाक्र	धेतेटेधा क्रधोतेटे
०	४	०	X
धाऽधागे तेटेक्रधे	तेटेधाक्र धेतेटेधा	क्रधेतेटे धाऽधागे	तेटेक्रधे तेटेधाक्र
२	०	३	०
धेतेटेधा क्रधेतेटे	धा धागेतेटे	क्रधातेटे क्रधातेटे	तेटेधागे तेटेक्रधे
४	०	X	२
तेटेधाक्र धेतेटेधा	क्रधेतेटे धाऽधागे	तेटेक्रधे तेटेधाक्र	धेतेटेधा क्रधेतेटे
०	३	०	४
धाऽधागे तेटेक्रधे	तेटेधाक्र धेतेटेधा	क्रधेतेटे धा	धागेतेटे क्रधातेटे
०	X	२	०
क्रधातेटे तेटेधागे	तेटेक्रधे तेटेधाक्र	धेतेटेधा क्रधेतेटे	धाऽधागे तेटेक्रधे
३	०	४	०
तेटेधाक्र धेतेटेधा	क्रधेतेटे धाऽधागे	तेटेक्रधे तेटेधाक्र	धेतेटेधा क्रधेतेटे
X			
धा			

सूललताल में 'परन'

परन-१

धेत्ऽधेत्ऽ त्रकधेत्ऽ	धेटेधेटे धागेतेटे
X	०
धेटेक्रधे तेटेधागे	तेटेकत गदिगन
२	३

धाऽधाऽ धाऽधेटे	क्रधेतेटे धागेतेटे	
०	X	
कतगदि गनधाऽ	धाऽधाऽ धेटेक्र धे	
०	२	
तेटेधागे तेटेकत	गदिगन धाऽधाऽ	धा
३	०	X

परन-२

धेटेधेटे क्रधेतेटे	धागेतेटे धागेतेटे	क्रधेतेटे कतगदि
X	०	२
गननागे तेटेकत	तकिटता ऽनधिकि	टताऽन धाऽतेटे
३	०	X
कततकि टतऽन	धिकिटता ऽनधाऽ	तेटेकत तकिटता
०	२	३
ऽनधिकि टताऽन	धा	
०	X	

परन-३

त्रकधेत्ऽ धेत्ऽधेत्	धेटेधेटे धागेतेटे	क्रधेतेटे धागेतेटे
X	०	२
गदिगन नागेतेटे	कतेटेत गिनतक	तेटेकत गदिगन
३	०	X
धाऽधाऽ धाऽतेटे	कतगदि गनधाऽ	धाऽधाऽ तेटेकत
०	२	३
गदिगन धाऽधाऽ	धा	
०	X	

परन-४

धाऽकिट तकधाऽ	किटतक धाऽधाऽ	किटतक तेटेकत
X	०	२
गदिगन धाऽऽऽ	धाऽऽऽ धाऽकिट	तकतेटे कतगदि
३	०	X

गनधाऽ ऽऽधाऽ	ऽऽधाऽ किटतक	तेटेकत गदिगन
०	२	३
धाऽऽऽ धाऽऽऽ	धा	
०	X	

ताल-चारतल (चौताल) में 'परन'

परन-१

धेटधेटे धागेतेटे	क्रधातेटे क्रधातेटे	धागेतेटे तेटेधागे
X	०	२
तेटेकत गदिगन	क्रधातेटे धाऽक्रधा	तेटेधाऽ क्रधातेटे
०	३	४
धाऽकत गदिगन	क्रधातेटे धाऽक्रधा	तेटेधाऽक्रधातेटे
X	०	२
धाऽकत गदिगन	क्रधातेटे धाऽक्रधा	तेटेधाऽ क्रधातेटे
धा		
X		

परन-२

धागेतेटे धागेतेटे	तागेतेटे तागेतेटे	धेटधेटे धागेतेटे
X	०	२
धेटधेटे धागेतेटे	क्रधेऽधे तटेधागे	तेटेकत गदिगन
०	३	४
धाऽऽऽ धाऽऽऽ	धाऽऽऽ तेटेकत	गदिगन धाऽऽऽ
X	०	२
धाऽऽऽ धाऽऽऽ	तेटेकत गदिगन	धाऽऽऽ धाऽऽऽ
०	३	४
धा		

परन-३

धाऽगदि गनधाऽ	गदिगन धाऽधाऽ	धाऽगदि गननागे
X	०	२
धेत्ऽधड़ा ऽनधाऽ	गदिगन धाऽगदि	गनधाऽ गदिगन
०	३	४

धाऽधाऽ धाऽगदि	गनधाऽ गदिगन	धाऽगदि गनधाऽ
X	०	२
धाऽधाऽ गदिगन	धाऽगदि गनधाऽ	गदिगन धाऽधाऽ
०	३	४
धा		
X		

परन-४

धागेतेटे क्रधातेटे	धागेतेटे क्रधातेटे	धागेतेटे तेटेधागे
X	०	२
तेटेतेटे क्रधातेटे	धागेतेटे कतगदि	गनधाऽ नधाऽन
०	३	४
धाऽऽऽ क्रधातेटे	धागेतेटे कतगदि	गनधाऽ नधाऽन
X	०	२
धाऽऽऽ क्रधातेटे	धागेतेटे कतगदि	गनधाऽ नधाऽन
०	३	४
धा		
X		

ताल-कहरवा

ताल का (मुख्य-ठेका)

ताल चिन्ह-	X				०			
ताल के बोल	धा	गे	ना	ती	ना	के	धी	ना
मात्रा-	१	२	३	४	५	६	७	८

ठेके के प्रकार

	X	०
१.	धा धी ना ती	ना के धी ना
२.	धा धी ना ती	ना ती धा ता
३.	धा गे ना ती	ना ना धी ना
४.	धा धा गे ती	ना तित् धा ता
५.	धा धिं ना क्ड़ां	ना तित् धा ता
६.	धा तिं ना किना	ना तित् धा ता
७.	धा धी गे ती	ना धी गे घी
८.	धीं ऽ धा धी	गे ती ना क्र
९.	धा गेगे नागे तिं	ना क्ड़ां धी ना
१०.	धा गिना नागे तिं	ना ना धी ना
११.	धा ऽक्र धा तिं	ना क्ड़ां धी नाना
१२.	धाते टेगे नागे तिं	ना क्ड़ां धी नाना
१३.	धाधा गिना तिं नाना	नाती गिना धिं नाती
१४.	धात्र कधि नागे तिं	नाके त्रक धिना गिना
१५.	धाते टेधि नाना किना	नाके त्रक धिना गिना
१६.	धागे त्रक तीना कीना	ना त्रक धीना गीना
१७.	धा क्रधि नागे तिं	ना क्रधि नागे धिं
१८.	गिना धाधी गेती नाना	किना ताधी गेधी नाना
१९.	धा ऽगे नागे तिं	नाना तेटे धिं नाना
२०.	धा ऽगे नागे तिं	ना क्रधि नागे धिं
२१.	धा तिरकिट धागे तिं	नाऽतिर किटधीऽ ऽना तिरकिट
२२.	धा गिना नाती केती	ना त्रक धीना त्रक
२३.	धाऽतिर किटधीऽ नागे तिंतिं	नाऽतिर किटधीऽ नागे धिंतिं
२४.	धाऽ तिरकिट धाती केती	ताऽ तिरकिट नाधी गेधी
२५.	तिरकिट धाधी गेती नाके	तिरकिट ताधी गेधी नाके

मुखड़ा या मोहरा

"तीनताल के"

चार मात्रे का–

	२	X
१.	किटतक तिरकिट तकताऽ तिरकिट	धा
२.	तिरकिट तकताऽ तिरकिट धाती	धा
३.	तिरकिट धगि नधा तिरकिट	धा
४.	धगि नधा तेटे धाती	धा
५.	धागे तिरकिट तकतक तिरकिट	धा
६.	क्ड़ांऽ तिरकिट तकताऽ तिरकिट	धा
७.	तिरकिट क्ड़ांऽ किटतक तिरकिट	धा
८.	किटधाऽ तिरकिट क्ड़ांऽ किटतक	धा
९.	तक्क्डां ऽऽतिर किटतक क्ड़ांऽ	धा
१०.	तिरकिट तकधेर किटतक धाती	धा
११.	किटतक तिरकिट तकधेर किटतक	धा
१२.	तिरकिट धेत्ऽ धेरधेर किटतक	धा
१३.	घेड़नग धेरधेर किटतक तिरकिट	धा
१४.	धेरधेर कत्ऽ धेरधेर किटतक	धा
१५.	धेटे क्रधे तेटे कत	धा
१६.	कते टेधा तूना कत	धा

आठ मात्रे का–

	०	३	X
१.	कते टेधे तेटे गिना	तेटे तेटे गिना नाती	धा
२.	क्रधे तेटे कते टेता	ऽन ताऽ ऽक्र धाती	धा
३.	कऽ तधे तेटे क्रधे	तेटे कते टेता ऽन	धा
४.	तिरकिट तकतक तिरकिट धाती	धा धाती धा धाती	धा

	०		X
५.	धाऽ किटतक ताऽतिर किटतक	तिरकिट तकधेर धेरकिट धाती	धा
६.	तिरकिट तकतक तिरकिट धाऽतिर	किटतक तिरकिट तकतक कड़ांऽ	धा
७.	धेरधेर कत्ऽ धेरधेर किटतक	धाऽतिर किटतक धाऽ कत	धा
८.	धगि नधा तेटे गिना	तेटे धगि नधा तेटे	धा
९.	तिरकिट तकधाऽ तिरकिट कड़ांऽ	धा कड़ां धा कड़ांनऽ	धा
१०.	घेड़नग तिरकिट तकताऽ तिरकिट	धाती धाऽ नधा ऽन	धा
११.	तिरकिट तकताऽ ऽक्र धाती	धाक्र धाती धाक्र धाती	धा
१२.	धागे तेटे धगि नधा	क्रधा तूना ऽक्र धाती	धा
१३.	क्रधेतेटे कतेटेधे तेटेकत धाऽकते	टेधेतेटे कतधाऽ कतेटेधे तेटेकत	धा
१४.	धेत्धेत् त्रकधेत् तगिऽन धाऽत्रक	धेत्तगि ऽनधाऽ त्रकधेत् तगिऽन	धा
१५.	धेरधेर किटतक ता किटतक	तिरकिट धाऽतिर किटधाऽ तिरकिट	धा
१६.	घेड़नग तिरकिट धाती धाऽ	क्रधा तीधा ऽक्र धाती	धा

बारह मात्रे का—

	२	०	३	X
१.	धेते टेध गिन धेत्ऽ	तगि ऽन धेत्ऽ ताऽ	त्रक धेत्ऽ तगि ऽन	धा
२.	धागे तेटे तेटे धागे	तेटे कता ऽन कत्ऽ	धेरधेर किटतक धाऽतिर किटतक	धा
३.	तिरकिट तकतिर क्टितक धेत्ऽ	धेरधेर किटतक धाऽतिर	किटतक तक्कड़ां ऽधा तूना कत	धा
४.	धात्र कधे तेटे धागे	तेटे कत गदि गन	नागे तेटे क्रधा ऽन	धा
५.	धाऽकिट तकतक तिरकिट तकधाऽ	तिरकिट धाती धा तिरकिट	धाती धा तिरकिट धाती	धा
६.	धेरधेर किटतक तक कड़ां	धा कत धा ऽ	कत धा ऽ कत	धा
७.	धेत्ऽ धेरधेर किटतक धेरधेर	किटतक धेरधेर किटतक तिरकिट	धा तिरकिट धा तिरकिट	धा
८.	किटतक तिरकिट तकधेत्ऽ ऽऽधेर	धेरकिट धाऽऽऽ धेत्ऽऽऽ धेरधेरं	किटाधाऽ ऽऽधेत्ऽ ऽऽधेर धेरकिट	धा
९.	धाते टेधे तेटे क्रधे	तेटे क्रधे तेटे क्रधे	तेटे धाऽ नधा ऽन	धा
१०.	धेते टेक्र धाती धाऽ	क्रधा ऽन धाऽ क्रधा	ऽन धाऽ क्रधा ऽन	धा
११.	धाऽतिर किटतक तिरकिट तकतक	तिरकिट धाऽ ताऽ तकतिर	किटधाऽ ऽता ऽतक तिरकिट	धा
१२.	धाऽकिट तकतक तिरकिट तकधाऽ	तिरकिट कड़ां धा तिरकिट	कड़ां धा तिरकिट कड़ां	धा
१३.	धाऽतिर किटतक तकतिर किटतक	तिरकिट तकतिर किटतक तिरकिट	तकतक तिरकिट धाक्र धाऽकत	धा
१४.	किट धागे तेटे क्रधे	ऽधे तेटे कत गदि	गन नागे तेटेकत गदिगन	धा
१५.	घेड़नग धाऽतिर किटतक तिरकिट	तकधेर धेरकिट धाऽ ऽधेर	धेरकिट धाऽ ऽधेर धेरकिट	धा
१६.	धेटे तेटे कते टेत	गिन धेत्ऽ ऽत गिन	धेत् ऽत गिन धेत्ऽ	धा

सोलह मात्रे का–

	X	२	
१.	धाऽतिर किटतक तिरकिट तकतक	तिरकिट धाऽतिर किटतक तिरकिट	
	०	३	X
	तकतक तिरकिट धाऽतिर किटतक	तिरकिट तकतक तिरकिट गदिगन	धा
	X	२	
२.	धगि नधा तेटे धिना	तेटे धगि नधा तेटे	
	०	३	X
	धा धगि नधा तेटे	धा धगि नधा तेटे	धा
	X	२	
३.	तिरकिट धेत् ऽ धेते टेधे	तेटे धेटे क्रधे तेटे	
	०	३	X
	धागे तेटे कत गदि	गन धिंऽ तड़ा ऽन	धा
	X	२	
४.	धेरधेर किटतक धेरधेर किटतक	धाऽतिर किटतक धाऽतिर किटतक	
	०	३	X
	तिरकिट तकतिर किटतक धाऽतिर	किटतक तिरकिट तकतक तिरकिट	धा
	X	२	
५.	धेरधेर किटतक धाऽतिर किटतक	तिरकिट तकतक तिरकिट धाऽकिट	
	०	३	X
	तकतिर किटतक तकतिर किटधाऽ	किटतक तिरकिट तकतक तिरकिट	धा
	X	२	
६.	धाऽकिट तकधाऽ किटतक धाधा	किटतक तेटेकत गदिगन धाऽऽऽ	
	०	३	X
	धाऽकिट तकतेटे कतगदि गनधाऽ	ऽऽधाऽ किटतक तेटेकिट गदिगन	धा
	X	२	
७.	धागे तिरकिट कत् ऽ तिरकिट	तकताऽ तिरकिट धाऽतीऽ धाऽतिर	
	०	३	X
	किटतक ताऽतिर किटधाऽ तीऽधाऽ	तिरकिट तकताऽ तिरकिट धाऽतीऽ	धा

	X	२	
८.	धा किटतक तिरकिट धाऽतिर	किटतक धेरधेर किटतक धाधा	
	०	३	X
	धा धेरधेर किटतक धाधा	धा धेरधेर किटतक धाधा	धा
	X	२	
९.	घिंऽतिर किटतक ताऽतिर किटतक	तिरकिट धेत्ऽ धेरधेर किटतक	
	०	३	X
	धाऽतिर किटतक धेरधेर किटतक	तिरकिट ताऽ ऽक्र धाती	धा
	X	२	
१०.	धगि नाधा तेटे गिना	तेटे कत गिना नाती	
	०	३	X
	धाऽ ऽऽ गिना नाती	धा ऽऽ गिना नाती	धा
	X	२	
११.	घेड़ नग तिरकिट तकताऽ	कत्ऽ ऽतिर किटतक धेरधेर	
	०	३	X
	किटधा ऽत धाऽ ऽधा	ऽत धाऽ ऽधा ऽत	धा
	X	२	
१२.	कऽतिर किटधेऽ तेटे कऽतिर	किटधेऽ तेटे क्रधे तेटे	
	०	३	X
	कऽतिर किटधेऽ तेटे तेटे	कत क्रधा ऽतक तिरकिट	धा
	X	२	
१३.	तिरकिट तकधेर धेरकिट धाती	धाऽऽऽ ऽऽधेर धेरधेर किटतक	
	०	३	X
	धाऽऽऽ ऽऽधेर धेरधेर किटतक	धाऽऽऽ ऽऽधेर धेरधेर किटतक	धा
	X	२	
१४.	धाऽतिर किटतक तिरकिट धाती	धाऽतिर किटतक तकतिर किटतक	
	०	३	X
	तकतिर किटधाऽ तेटेकत गदिगन	धा गदिगन धा गदिगन	धा
	X	२	
१५.	धेरधेर कत्ऽ ऽऽ धेरधेर	कत्ऽ ऽऽ धेरधेर किटतक	
	०	३	X
	धाऽतिर किटतक धाती धाऽ	क्रधा तीधा ऽक्र धाती	धा

ताल—तीनताल के ठेके का प्रकार

१.	धा–धिंना धिंधिं धाती X धा–तिंना तिंतिं ताती ०	धा–धिंना धिंधिं धाती २ ता–धिंना धिंधिं धाती ३
२.	धा–तिरकिट धिंधिं धाक्र X धा–तिरकिट तिंतिं ताक्र ०	धा–तिरकिट धिंधिं धाक्र २ ता–तिरकिट धिंधिं धाक्र ३
३.	धा–तिर किटधिं– –क्र धाती X धा–तिर किंटतिं– –क्र ताती ०	धा–तिर किटधिं– –क्र धाती २ ता–तिर किटधिं– -क्र धाती ३
४.	धा–तेटे धिंना तेटेधिं धा–तेटे X धा–तेटे तिंना तेटेतिं ता–तेटे ०	धा–तेटे धिंना तेटेधिं धा–तेटे २ ता–तेटे धिंना तेटेधिं धेतेटे ३
५.	धा–तेटे धिंतेटे धिंधिं नानातेटे X धा–तेटे तिं-तेटे तिंतिं नानातेटे ०	धा–तेटे धिं-तेटे धिंधिं नानातेटे २ ता–तेटे धिं-तेटे धिंधिं नानातेटे ३
६.	धा–तेटे धिंक्र धिंना गिनातेटे X धा–तेटे तिं–क्र तिंना किनातेटे ०	धा–तेटे धिं–क्र धिंना गिनातेटे २ ता–तेटे धिं–क्र धिंना गिनातेटे ३
७.	धा–तेटे धिं–नाना तेटेधिं- नानातेटे X धा–तेटे तिं–नाना तेटेतिं- नानातेटे ०	धा–तेटे धिं–नाना तेटेधिं- नानातेटे २ ता–तेटे धिं-नाना तेटेधिं- नानातेटे ३

८.	धा–त्रक धिं–क्र धिं–धागेत्रक	धा–त्रक धिंना त्रकधिं- धा–त्रक
	X	२
	धा–त्रक तिं–क्र तिं– ताकेत्रक	ता–त्रक धिंना त्रकधिं- धा–त्रक
	०	३

(तबले के उप-शास्त्रीय संगीत में प्रयुक्त होने वाले) पाठ्यक्रम के तालों के ठेके

(ताल–दादरा)

मात्रा ६, विभाग दो, ताली पहली मात्रे पर, खाली चौथी मात्रे पर

ठेका

मात्रा	१ २ ३	४ ५ ६
बोल	धा धी ना	धा तू ना
तालचिन्ह	X	०

(ताल–कहरवा)

मात्रा ८, विभाग दो, ताली पहली मात्रे पर, खाली पाँचवी मात्रे पर

ठेका

मात्रा	१ २ ३ ४	५ ६ ७ ८
बोल	धा गे ना ती	ना के धी ना
तालचिन्ह	X	०

(ताल–धुमाली)

मात्रा ८, विभाग दो, ताली पहली मात्रे पर, खाली पाँचवी मात्रे पर

ठेका

मात्रा	१ २ ३ ४	५ ६ ७ ८
बोल	धिं धिं धा तिं	त्रक धिं धागे त्रक
तालचिन्ह	X	०

दूसरा प्रकार—इसमें मात्राएं ८ हैं परन्तु विभाग ४, ताली १, ३ और ७ पर, खाली ५ पर

ठेका

मात्रा	१ २	३ ४	५ ६	७ ८
बोल	धिं धिं	धा तिं	त्रक धिं	धागे थेिक
तालचिन्ह	X	२	०	३

(ताल—खेमटा)

मात्रा १२, विभाग ४, ताली १, ४ और १० पर, खाली ७ पर

ठेका

मात्रा	१ २ ३	४ ५ ६	७ ८ ९	१० ११ १२
बोल	धा टे धी	ना ती ना	ता टे धी	ना धी ना
तालचिन्ह	X	२	०	३

(ताल—रुपक)

यह ताल उप-शास्त्रीय संगीत तथा शास्त्रीय संगीत दोनों में प्रयुक्त होता है। इसे ताली द्वारा प्रदर्शित करने में सम पर खाली के संकेत दिखलाने की प्रथा है। इसलिए लिखने के लिए पहली मात्रे पर सम का चिन्ह लगाया जा सकता है। यथाः—इसकी मात्राएं ७, विभाग ३, ताली ४ पर है इसलिए इसका ताल-चिन्ह निम्न प्रकार होगा—

ठेका

मात्रा	१ २ ३	४ ५	६ ७
बोल	ती ती ना	धी ना	धी ना
तालचिन्ह	X	१	२

नोट : पहली ताली चौथी मात्रे पर है। अतः संख्या १ लिखना अधिक उपयुक्त होगा। या—

ती ती ना	धी ना	धी ना
०	१	२

केवल शास्त्रीय संगीत में प्रयुक्त होने वाले– 'ताल' जिसे तबले पर बजाया जाता है—

(ताल—झपताल)

मात्रा १०, विभाग ४, ताली १, ३ व ८ पर तथा ६ पर खाली होती है

ठेका

मात्रा	१ २	३ ४ ५	६ ७	८ ९ १०
बोल	धी ना	धी धी ना	ती ना	धी धी ना
तालचिन्ह	X	२	०	३

(ताल—धमार)

यह ताल धमार गायन शैली में प्रयुक्त होता है और इसे पखावज तथा तबला दोनों वाद्य पर बजाया जाता है।

ठेका

मात्रा १४, विभाग ४, ताली १, ६ व ११ पर, खाली ८ पर

मात्रा	१ २ ३ ४ ५	६ ७	८ ९ १०	११ १२ १३ १४
बोल	क धे टे धे टे	धा ऽ	ग दि न	दि न ता ऽ
तालचिन्ह	X	२	०	३

(ताल—तीनताल)

मात्रा १६, विभाग ४, ताली १, ५ व १३ पर, खाली ९ पर

ठेका

मात्रा	१ २ ३ ४	५ ६ ७ ८	९ १० ११ १२	१३ १४ १५ १६
बोल	धा धिं धिं धा	धा धिं धिं धा	धा तिं तिं ता	ता धिं धिं धा
तालचिन्ह	X	२	०	३

(ताल—तिलवाड़ा)

मात्रा १६, विभाग ४, ताली १, ५ व १३ पर, खाली ९ पर

ठेका

मात्रा	१ २ ३ ४	५ ६ ७ ८	९ १० ११ १२	१३ १४ १५ १६
बोल	धा तिरकिट धिं धिं	धा धा तिं तिं	ता तिरकिट धिं धिं	धा धा धिं धिं
तालचिन्ह	X	२	०	३

(ताल—अद्धा)

इसे 'सितार खानी' भी कहा जाता है। **(ठेका)**

मात्रा १६, विभाग ४, ताली १, ५ व १३ पर, खाली १३ पर

मात्रा	१ २ ३ ४	५ ६ ७ ८	९ १० ११ १२	१३ १४ १५ १६
बोल	धा ऽधी ऽगे धा	धा ऽधी ऽगे धा	धा ऽती ऽके ता	ता ऽधी ऽगे धा
तालचिन्ह	X	२	०	३

(ताल–एकताल)

मात्रा १२, विभाग ६, ताली १, ५, ९, व ११ पर, खाली ३ व ७ पर

ठेका

मात्रा	१ २	३ ४	५ ६	७ ८	९ १०	११ १२
बोल	धिं धिं	धागे तिरकिट	तू ना	कत् ता	धागे तिरकिट	धी ना
तालचिन्ह	X	०	२	०	३	४

(ताल–आड़ा चारताल)

मात्रा १४, विभाग ७, ताली १, ३, ७ व ११ पर, खाली ५, ९ व १३ पर

ठेका

मात्रा	१ २	३ ४	५ ६	७ ८	९ १०	११ १२	१३ १४
बोल	धिं तिरकिट	धी ना	तू ना	कत् ता	तिरकिट धी	ना धी	धी ना
तालचिन्ह	X	२	०	३	०	४	०

(ताल–झूमरा)

मात्रा १४, विभाग ४, ताली १, ४ व ११ पर, खाली ८ पर

ठेका

मात्रा	१ २ ३	४ ५ ६ ७	८ ९ १०	११ १२ १३ १४
बोल	धिं ऽधा तिरकिट	धिं धिं धागे तिरकिट	तिं ऽता तिरकिट	धिं धिं धागे तिरकिट
तालचिन्ह	X	२	०	३

(ताल–दीपचन्दी)

इसे 'चांचर' भी कहा जाता है। इस ताल को मुख्यतः ठुमरी, चैती आदि गायन शैली में प्रयुक्त किया जाता है।

मात्रा १४, विभाग ४, ताली १, ४ व ११ पर, खाली ८ पर

ठेका

मात्रा	१ २ ३	४ ५ ६ ७	८ ९ १०	११ १२ १३ १४
बोल	धा धिं ऽ	धा धा तिं ऽ	ता तिं ऽ	धा धा धिं ऽ
तालचिन्ह	X	२	०	३

ताल अद्धा का दूसरा प्रकार—

ठेका

मात्रा	१ २ ३ ४	५ ६ ७ ८	९ १० ११ १२	१३ १४ १५ १६
बोल	धा धिं ऽ धा	धा धिं ऽ धा	धा तिं ऽ ता	ता धिं ऽ धा
तालचिन्ह	X	२	०	३

पखावज एवं तबला दोनों वाद्यों पर बजाए जाने वाले ताल, इन तालों को ध्रुपद अंग की गायन शैली में प्रयोग किया जाता है।

(ताल—तीवरा)

मात्रा ७, विभाग ३, ताली १, ४ व ६ पर (खाली नहीं है)

ठेका

मात्रा	१ २ ३	४ ५	६ ७
बोल	धा दिं ता	तेटे कत	गदि गन
तालचिन्ह	X	२	३

ताल-सूल या (ताल—सूलफाक) उसूल-ए-फाक्ता

मात्रा १०, विभाग ५, ताली १, ५ व ७ पर, खाली ३ व ९ पर

ठेका

मात्रा	१ २	३ ४	५ ६	७ ८	९ १०
बोल	धा धा	दिं ता	किट धा	तेटे कत	गदि गन
तालचिन्ह	X	०	२	३	०

(ताल—चारताल)

मात्रा १२, विभाग ६, ताली १, ५, ९ व ११ पर, खाली ३ व ७ पर

ठेका

मात्रा	१ २	३ ४	५ ६	७ ८	९ १०	११ १२
बोल	धा धा	दिं ता	किट धा	दिं ता	तेटे कत	गदि गन
तालचिन्ह	X	०	२	०	३	४

तबले के छः घराने प्रचलित है, जिनके नाम क्रमशः इस प्रकार हैं। १ दिल्ली, २ अजराड़ा, ३ लखनऊ, ४ फर्रूखाबाद, ५ बनारस और छठवां पंजाब घराना के नाम से प्रसिद्ध है।

तबले के विभिन्न घरानों की मान्यता का एक मात्र आधार उनकी भिन्न वादन शैली है। इन वादन शैलियों की भिन्नता को मुख्यतः दो प्रकार से समझा जा सकता है। पहला तबले के बाज की रचनाओं द्वारा और दूसरा तबले के बोलों के निकालने की विधि (निकास) द्वारा।

वर्ण माला के आधार पर जिस प्रकार भिन्न-भिन्न विषय लिखे जाते हैं, उसी प्रकार तबले में एक ही बोल को विभिन्न घरानों में विभिन्न अंगुलियों के प्रयोग द्वारा तथा तबले के पूड़ी में चाँटी, लव एवं स्याही पर विभिन्न अंगुलियों के आघात द्वारा अन्तर के साथ बजाए जाते हैं। इसलिए वादन में विशिष्ट हस्तप्रक्षेप की प्रधानता से युक्त वादन-विधि को 'बाज' कहा जाता है और यह बाज शब्द संगीतज्ञों में खूब प्रचलित है।

तबला वादन के दो प्रमुख भेद माने गए है जिन्हें क्रमशः 'पूरब बाज' और दिल्ली (पश्चिम) बाज कहा जाता है। अतः पूरब बाज खुले बोलों क. बाज और दिल्ली बाज को 'चाँट' या 'किनार' का बाज कहा जाता है। इन बाजों के अंतर्गत विभिन्न घरानों के तबला वादकों ने अपनी अपनी प्रतिभा व बोल संरचना तथा अन्य वादन तत्वों के आधार पर जो सूक्ष्म कलात्मक विशेषताएं पैदा की, उनसे ही तबला वादन की कई विशिष्ठ शैलियां विकसित हुई, जो विशिष्ट घरानों के 'बाज' के नाम से प्रसिद्ध हुई। इसलिए पश्चिम भारत में दिल्ली और अजराड़ा घरानों के बाज विकसित हुए तथा पूर्वी भारत में लखनऊ, फर्रूखाबाद और बनारस घरानों के बाज विकसित हुए। इनके अतिरिक्त पंजाब में तबला वादन का एक अन्य बाज स्वतंत्र रूप में विकसित हुआ जो पंजाब बाज के नाम से प्रसिद्ध हुआ।

वर्तमान युग में तबला वादन के क्रियात्मक पक्ष पर भी शोध-कार्य का होना अनिवार्य सा हो गया है। क्यों कि धीरे-धीरे इस वाद्य के तथः इसके वादन-विधि के गुढ़ तत्व समाप्त होते जा रहे हैं। यद्यपि वर्तमान समय में जो बदलाव हुआ है उनसे कुछ उपलब्धियां हुई हैं, फिर भी प्राचीन वादन-विधि का सही ध्यान नहीं रक्खा गया तो 'तबला' केवल एक साधारण वाद्य बनकर

रह जायगा। इसलिए इसके विभिन्न घरानों की विशेषताओं एवं वादन-विधि पर सावधानी से उचित विचार करना अति आवश्यक है।

विशेष योग्यता अर्जित करने वाले तथा प्रगति शील विद्यार्थियों के मार्ग-दर्शन हेतु कुछ उदाहरण आगे दिए गए हैं। इसके अतिरिक्त बनारस घराने की विशेषताओं में से केवल एक "'मुखड़े की विशेषता' का उदाहरण भी दिया गया है।

बनारस घराने में 'कायदा' के अतिरिक्त मुखड़ा टुकड़ा आदि का भी विस्तार प्राचीन समय से होता चला आ रहा है, जिसे तबला-वादन के क्षेत्र में अत्यधिक महत्त्वपूर्ण स्थान प्राप्त है। जैसे–छोटे-छोटे मुखड़े द्वारा निर्मित दमदार एवं बेदमदार तिहाइयां तथा चक्रदार तिहाइयां। और बड़े-बड़े मुखड़े अर्थात् चार मात्रे से अधिक मात्राओं के मुखड़ों द्वारा निर्मित, तिहाई चक्रदार तिहाई और साधारण चक्रदार फरमाइशी चक्रदार तथा कमाली चक्रदार तक, विस्तार द्वारा सम्भव है। इनके विस्तार का क्रम व नियम आगे दिया गया है। विभिन्न घरानों में एक ही 'संयुक्त बोल' को विभिन्न अंगुलियों के प्रयोग द्वारा अलग-अलग बजाने की विधि निम्न प्रकार है—

संयुक्त बोल

घराना	ति	र	कि	ट
१. दिल्ली	तबले पर मध्यमा अंगुली	तबले पर तर्जनी से	बांये पर ,,	तबले पर अनामिका से
२. अजराड़ा	मध्यमा से	तर्जनी से	,,	अनामिका से
३. लखनऊ	मध्यमा और अनामिका साथ में	तर्जनी से	,,	मध्यमा और अनामिका साथ में
४. फर्रूखाबाद	मध्यमा से	तर्जनी से	,,	मध्यमा और अनामिका साथ में
५. बनारस	मध्यमा, अनामिका कनिष्ठिका साथ में	तर्जनी से	,,	मध्यमा, अनामिका और कनिष्ठिका साथ में
६. पंजाब	मध्यमा और अनामिका साथ में	तर्जनी से	,,	मध्यमा, अनामिका और कनिष्ठिका साथ में

घराना	धा	ड़ा	गि	न
१. दिल्ली	तबले व बांये को एक साथ बजाना तर्जनी से चांटी पर	तबले पर लव पर बंद करके मध्यमा अंगुली से तथा चांटी को छूते हुए	बांये पर ,,	तबले पर अनामिका से लव पर बंद करके तथा चांटी को छूते हुए
२. अजराड़ा	तर्जनी से चांटी पर	लव पर तथा चांटी को छूते हुए बंद करके मध्यमा अंगुली से	,,	अनामिका से लव पर बंद करके तथा चांटी को छूते हुए
३. लखनऊ	तर्जनी से चांटी पर	मध्यमा से चांटी पर या अनामिका से	,,	अनामिका से लव पर या चांटी पर
४. फर्रूखाबाद	तर्जनी से चांटी पर	मध्यमा से चांटी या अनामिका से	,,	अनामिका से लव या चांटी पर
५. बनारस	तर्जनी से चांटी पर	मध्यमा व अनामिका एक साथ चांटी पर या केवल अनामिका से	,,	मध्यमा व अनामिका एक साथ चांटी पर या केवल अनामिका से
६. पंजाब	तर्जनी से चांटी पर	मध्यमा से लव या चांटी को छूते हुए दबा कर	,,	अनामिका से लव पर दबाते हुए

घराना	घे	ड़	न	ग
१. दिल्ली	बांये पर	तबले पर मध्यमा अंगुली से स्याही पर	तबले पर तर्जनी से चांटी पर	बांये पर ,,
२. अजराड़ा	,,	मध्यमा से स्याही पर	तर्जनी से चांटी पर तथा स्याही पर	,,
३. लखनऊ	,,	मध्यमा और अनामिका से स्याही पर	तर्जनी से चांटी पर, लव पर तथा स्याही पर	,,
४. फर्रूखाबाद	,,	मध्यमा और अनामिका से स्याही पर	तर्जनी से चांटी पर, लव पर तथा स्याही पर	,,
५. बनारस	,,	मध्यमा, अना-मिका और कनि-ष्ठिका से स्याही पर	तर्जनी से लव पर तथा स्याही पर	,,
६. पंजाब	,,	मध्यमा और अनामिका से तथा केवल मध्यमा से स्याही पर	तर्जनी से स्याही पर तथा चांटी पर	,,

नोट–उपर्युक्त प्रत्येक घराने में 'न' वर्ण निकालने का एक और भी ढंग है, जो सभी घरानों में समान रुप से प्रयोग किया जाता है। यथा–तर्जनी से, लव पर बंद करके जिसे (चिप्पी) भी कहते हैं। केवल पंजाब घराने में इसे चांटी पर बंद करके बजाते हैं।

चार मात्रे का मुखड़ा

३	X
तिरकिट तकताऽ तिरकिट धाती	धा

मुखड़े की तिहाई—(दमदार)

X	२
तिरकिट तकताऽ तिरकिट धाती	धा ऽ तिरकिट तकताऽ
०	३
तिरकिट धाती धा ऽ	तिरकिट तकताऽ तिरकिट धाती
X	
धा	

मुखड़े की चक्रदार तिहाई

X	२
तिरकिट तकताऽ तिरकिट धाती	धा तिरकिट धाती धा
०	३
तिरकिट धाती धा तिरकिट	तकताऽ तिरकिट धाती धा
X	२
तिरकिट धाती धा तिरकिट	धाती धा तिरकिट तकताऽ
०	३
तिरकिट धाती धा तिरकिट	धाती धा तिरकिट धाती
X	
धा	

मुखड़े की तिहाई—(बेदम)

X	२
तिरकिट तकताऽ तिरकिट धाऽऽऽ	तीऽऽऽ धाऽतिर किटतक ताऽतिर
०	३
किटधाऽ ऽऽतीऽ ऽऽधाऽ तिरकिट	तकताऽ तिरकिट धाऽऽऽ तीऽऽऽ
X	
धा	

मुखड़े की चक्रदार तिहाई के अन्य प्रकार—

१.

X	२
तिरकिट तकताऽ तिरकिट धाती	धा ऽ धाती धा
०	३
ऽ धाती धा तिरकिट	तकताऽ तिरकिट धाती धा
X	२
ऽ धाती धा ऽ	धाती धा तिरकिट तकताऽ
०	३
तिरकिट धाती धा ऽ	धाती धा ऽ धाती
X	
धा	

२.

X	२
तिरकिट तकताऽ ऽऽतिर किटधाऽ	तीऽऽऽ धाऽऽऽ धाऽतीऽ ऽऽधाऽ
०	३
ऽऽधाऽ तीऽऽऽ धा तिरकिट	तकताऽ ऽऽतिर किटधाऽ तीऽऽऽ
X	२
धाऽऽऽ धाऽतीऽ ऽऽधाऽ ऽऽधाऽ	तीऽऽऽ धा तिरकिट तकताऽ
०	३
ऽऽतिर किटधाऽ तीऽऽऽ धाऽऽऽ	धाऽतीऽ ऽऽधाऽ ऽऽधाऽ तीऽऽऽ
X	
धा	

३.

X	२
तिरकिट तकताऽ ऽऽतिर किटधाऽ	ऽऽतीऽ धाऽऽऽ धाऽऽऽ तीऽधाऽ
०	३
ऽऽधाऽ ऽऽतीऽ धा तिरकिट	तकताऽ ऽऽतिर किटधाऽ ऽऽतीऽ
X	२
धाऽऽऽ धाऽऽऽ तीऽधाऽ ऽऽधाऽ	ऽऽतीऽ धा तिरकिट तकताऽ
०	३
ऽऽतिर किटधाऽ ऽऽतीऽ धाऽऽऽ	धाऽऽऽ तीऽधाऽ ऽऽधाऽ ऽऽतीऽ
X	
धा	

४.

X	२
तिरकिट तकतिर किटतक तिरकिट	तकताऽ तिरकिट धाऽतीऽ धाऽधाऽ
०	३
तीऽधाऽ धाऽतीऽ धा तिरकिट	तकतिर किटतक तिरकिट तकताऽ
X	२
तिरकिट धाऽतीऽ धाऽधाऽ तीऽधाऽ	धाऽतीऽ धा तिरकिट तकतिर
०	३
किटतक तिरकिट तकताऽ तिरकिट	धाऽतीऽ धाऽधाऽ तीऽधाऽ धाऽतीऽ
X	
धा	

नोट—इस तरह अनेकों प्रकार बनते जायेंगे।

आठ मात्रे का मुखड़ा

०	२	X
धगि नधा तेटे क्रधे	तेटे कते टेधा ऽन	धा

मुखड़े की तिहाई—(दमदार)

X	२	
धगि नधा तेटे क्रधे	तेटे कते टेधा ऽन	
०	३	
धा ऽ ऽ ऽ	धगि नधा तेटे क्रधे	
X	२	
तेटे कते टेधा ऽन	धा ऽ ऽ ऽ	
०	३	X
धगि नधा तेटे क्रधे	तेटे कते टेधा ऽन	धा

मुखड़े के मूल बोल समूह के दोनों विभाग में एक-एक तेटे जोड़ देने पर बेदम तिहाई बन जाएगी। उदाहरणार्थ–

X	२	
धगि नधा तेटे तेटे	क्रधे तेटे तेटे कते	
०	३	
टेधा ऽन धा धगि	नधा तेटे तेटे क्रधे	
X	२	
तेटे तेटे कते टेधा	ऽन धा धगि नधा	
०	३	X
तेटे तेटे क्रधे तेटे	तेटे कते टेधा ऽन	धा

मुखड़े की चक्रदार तिहाई

X	२	०	३
धगि नधा तेटे क्रधे	तेटे कते टेधा ऽन	धा ऽ तेटे कते	टेधा ऽन धा ऽ
X	२	०	३
तेटे कते टेधा ऽन	धा ऽ धगि नधा	तेटे क्रधे तेटे कते	टेधा ऽन धा ऽ
X	२	०	३
तेटे कते टेधा ऽन	धा ऽ तेटे कते	टेधा ऽन धा ऽ	धगि नधा तेटे क्रधे
X	२	०	३
तेटे कते टेधा ऽन	धा ऽ तेटे कते	टेधा ऽन धा ऽ	तेटे कते टेधा ऽन
X			
धा			

उपर्युक्त चक्रदार तिहाई में दम के स्थान को भरने के लिए 'क्रधे' बोल अगर बजा दिया जाय, अर्थात् जोड़ दिया जाय तो यही और भी आकर्षित हो जायगा। यथा–

X	२	०	३
धगि नधा तेटे क्रधे	तेटे कते टेधा ऽन	धा क्रधे तेटे कते	टेधा ऽन धा क्रधे
X	२	०	३
तेटे कते टेधा ऽन	धा ऽ धगि नधा	तेटे क्रधे तेटे कते	टेधा ऽन धा क्रधे
X	२	०	३
तेटे कते टेधा ऽन	धा क्रधे तेटे कते	टेधा ऽन धा ऽ	धगि नधा तेटे क्रधे
X	२	०	३
तेटे कते टेधा ऽन	धा क्रधे तेटे कते	टेधा ऽन धा क्रधे	तेटे कते टेधा ऽन
X			
धा			

मुखड़े के बोलों से निर्मित साधारण चक्रदार

X	२	०	३
धगि नधा तेटे क्रधे	तेटे धगि नधा तेटे	क्रधे तेटे धगि नधा	तेटे क्रधे तेटे कते
X	२	०	३
टेधा ऽन धा कते	टेधा ऽन धा कते	टेधा ऽन धा धगि	नधा तेटे क्रधे तेटे
X	२	०	३
धगि नधा तेटे क्रधे	तेटे धगि नधा तेटे	क्रधे तेटे कते टेधा	ऽन धा कते टेधा
X	२	०	३
ऽन धा कते टेधा	ऽन धा धगि नधा	तेटे क्रधे तेटे धगि	नधा तेटे क्रधे तेटे
X	२	०	३
धगि नधा तेटे क्रधे	तेटे कते टेधा ऽन	धा कते टेधा ऽन	धा कते टेधा ऽन
X			
धा			

मुखड़े के बोलों द्वारा निर्मित फरमाइशी चक्रदार

X	२	०	३
धगि नधा तेटे ऽधा	तेटे क्रधे तेटे ऽधा	तेटे ऽधा तेटे ऽधा	तेटे कते टेधा ऽन
X	२	०	३
धा तेटे कते टेधा	ऽन धा तेटे कते	टेधा ऽन धा धगि	नधा तेटे ऽधा तेटे
X	२	०	३
क्रधे तेटे ऽधा तेटे	ऽधा तेटे ऽधा तेटे	कते टेधा ऽन धा	तेटे कते टेधा ऽन
X	२	०	३
धा तेटे कते टेधा	ऽन धा धगि नधा	तेटे ऽधा तेटे क्रधे	तेटे ऽधा तेटे ऽधा
X	२	०	३
तेटे ऽधा तेटे कते	टेधा ऽन धा तेटे	कते टेधा ऽन धा	तेटे कते टेधा ऽन
X			
धा			

मुखड़े के बोलों द्वारा निर्मित कमाली चक्रदार

X	२	०	३
धगि नधा तेटे क्रधे	तेटे ऽधा तेटे क्रधे	तेटे ऽधा तेटे क्रधे	तेटे कते टेधा ऽन
X	२	०	३
धाधा धाक तेटे धाऽ	नधा धाधा कते टेधा	ऽन धाधा धा धगि	नधा तेटे क्रधे तेटे
X	२	०	३
ऽधा तेटे क्रधे तेटे	ऽधा तेटे क्रधे तेटे	कते टेधा ऽन धाधा	धाक तेटे धाऽ नधा
X	२	०	३
धाधा कते टेधा ऽन	धाधा धा धगि नधा	तेटे क्रधे तेटे ऽधा	तेटे क्रधे तेटे ऽधा
X	२	०	३
तेटे क्रधे तेटे कते	टेधा ऽन धाधा धाक	तेटे धाऽ नधा धाधा	कते टेधा ऽन धाधा
X			
धा			